José Manuel Vega Báez

Liderazgo
MULTI
GENERACIONAL
Builders BabyBoomers GenX
Millennials Centennials

Liderazgo Multigeneracional
Primera edición: Septiembre de 2024

D.R. José Manuel Vega Báez
@jmvegabaez en redes sociales
Ciudad de México
www.seriecima.com
info@seriecima.com
Imágenes: freepik.com

SERIE CIMA
Smart Business
KNOWLEDGE

Smart Business Knowledge es una colección de libros cortos que contienen una síntesis de temas relacionados al liderazgo, la gestión y el emprendimiento, que han apoyado mi práctica profesional y de los que he impartido cursos y conferencias a lo largo de varias décadas.

Esta colección está dirigida a todas las personas interesadas en el conocimiento ágil y preciso de tópicos relevantes en el campo de los negocios: estudiantes de licenciatura y de maestría, emprendedores y empresarios, ejecutivos y directivos de organizaciones privadas, etcétera.

Espero sinceramente que en esta época en la que con unos cuantos clics podemos obtener una enorme cantidad de información, los libros de esta colección te brinden la calidad, la claridad y la confianza que requieres para el mejor desempeño de tu actividad en el mundo de los negocios.

¡Ánimo y ACCIÓN!

José Manuel Vega Báez
@jmvegabaez en redes sociales

SERIE CIMA
Smart Business
KNOWLEDGE

Índice

Introducción **7**

Builders **15**

Baby Boomers **45**

Generación X **75**

Millennials **107**

Centennials **139**

Tendencias Generacionales **173**

Recomendaciones Organizacionales **191**

Sobre el Autor **211**

SERIE CIMA
Smart Business
KNOWLEDGE

Introducción

SERIE CIMA
Smart Business
KNOWLEDGE

El objetivo de esta obra es ofrecer una comprensión profunda de las cinco generaciones que actualmente coexisten en el ámbito laboral: Builders, Baby Boomers, Generación X, Millennials y Centennials. A través de un análisis detallado de cada una de estas generaciones, buscamos no solo entender su comportamiento, sino también proporcionar pautas claras y efectivas para liderarlas adecuadamente. En un entorno laboral cada vez más diverso y multigeneracional, el liderazgo efectivo requiere un conocimiento sólido de las diferencias generacionales y de cómo estas influyen en la dinámica de los equipos y en el cumplimiento de los objetivos organizacionales.

Para comenzar, es importante definir algunos conceptos clave que guiarán nuestra discusión. Un líder es, esencialmente, la persona que guía a una colectividad en la conquista de un sueño compartido, movilizando a su equipo hacia la consecución de metas comunes. El liderazgo, por tanto, es el proceso que este líder lleva a cabo para cumplir con su labor, gestionando recursos, personas y estrategias para lograr el éxito colectivo. Finalmente, entendemos por generación a un grupo de personas que han vivido experiencias similares en un período específico de tiempo, lo que ha moldeado sus valores, comportamientos y expectativas. Estas experiencias pueden incluir eventos históricos, tendencias culturales, innovaciones tecnológicas y cambios sociales que, en conjunto, influencian cómo este grupo percibe el mundo y se relaciona en su entorno.

Es importante aclarar que el propósito de esta obra no es "etiquetar" a las personas en función de su edad, sino identificar los rasgos comunes que definen a cada generación para entenderlas mejor y, en consecuencia, liderarlas de manera más efectiva. Las generalizaciones que se hacen al hablar de generaciones no deben interpretarse como rígidas o absolutas, sino como herramientas que nos permiten explorar patrones y tendencias comunes que han surgido a lo largo del tiempo. Cada individuo es único, pero existen influencias compartidas que han moldeado a los grupos generacionales y que, al ser reconocidas, pueden mejorar la interacción y la gestión en el entorno laboral.

Es también esencial tener en cuenta que la propuesta del estudio generacional tiene sus raíces en Estados Unidos, lo que significa que el espacio geográfico y cultural en el que surgió determina la conformación y delimitación de las generaciones. Los eventos históricos, las condiciones socioeconómicas, y las tendencias culturales que han marcado a cada generación en Estados Unidos pueden diferir de las que se han vivido en otras regiones del mundo, lo que puede influir en cómo se interpretan y aplican estas definiciones en otros contextos.

Además del espacio geográfico, el factor tiempo es igualmente determinante en la delimitación de las generaciones. No existe un consenso unánime sobre las fechas exactas que marcan el inicio y el final de cada generación. Para efectos prácticos, esta obra considera un periodo aproximado de 15 años para cada generación: los Builders de 1935 a 1949, los Baby Boomers de 1950 a 1964, la Generación X de 1965 a 1979, los Millennials de 1980 a 1994, y los Centennials de 1995 a 2009. Sin embargo, es importante destacar que estas no son fronteras sólidas, sino límites aproximados y permeables, que permiten entender mejor las características compartidas por los individuos dentro de cada grupo generacional. Este enfoque flexible nos permite apreciar las transiciones y superposiciones que ocurren naturalmente entre las generaciones, sin caer en reduccionismos estrictos.

En esta obra, el contenido se estructura en dos grandes secciones que abarcan siete capítulos. Los primeros cinco capítulos están dedicados a un análisis detallado de cada una de las cinco generaciones: Builders, Baby Boomers, Generación X, Millennials y Centennials. En cada capítulo, comenzamos explorando las denominaciones más comunes que han recibido estas generaciones, así como el color y la música con los que se asocian, elementos que reflejan parte de su identidad colectiva. Esto nos proporciona un primer acercamiento a la cultura y los valores que caracterizan a cada grupo.

A continuación, se presenta una serie de relaciones clave que han moldeado la identidad de cada generación. Estas incluyen los líderes y los eventos globales que han influido en su desarrollo, las corrientes culturales y de pensamiento que han permeado su visión del mundo, y los avances científicos y tecnológicos que han marcado sus vidas. Además, se destacan las empresas más emblemáticas que surgieron en su infancia y juventud, así como las mujeres influyentes que dejaron una huella en su historia. Estos elementos ofrecen una perspectiva rica y diversa sobre los contextos que han forjado la etapa inicial de cada generación.

Después de establecer este marco, el análisis se profundiza en el contexto social, familiar y laboral que ha caracterizado a cada generación. Se exploran las dinámicas familiares, las expectativas laborales y cómo estos factores han influido en su comportamiento en el entorno de trabajo. Finalmente, cada capítulo concluye con una serie de consejos prácticos dirigidos a atraer, integrar, desarrollar y retener a los integrantes de cada generación, proporcionando estrategias específicas para gestionar de manera efectiva a un equipo multigeneracional.

Los últimos dos capítulos de la obra ofrecen una visión panorámica sobre la evolución de algunos aspectos relevantes para el liderazgo generacional. El capítulo 6 presenta una serie de tendencias generacionales, identificando cómo han cambiado las expectativas y comportamientos a lo largo del tiempo. Por último, el capítulo 7 brinda una serie de recomendaciones organizacionales, culminando con una guía práctica para implementar estas estrategias en el entorno laboral, asegurando que las organizaciones puedan adaptarse y prosperar en un contexto multigeneracional.

Con esta estructura, el presente trabajo se convierte en una referencia integral para comprender las dinámicas generacionales en el entorno laboral y aplicar estrategias efectivas para liderar a cada grupo. Cada generación trae consigo un conjunto único de experiencias, valores y perspectivas, que influyen profundamente en su comportamiento y expectativas en el trabajo. Al entender estos matices, los líderes mejorarán la cohesión y la productividad de sus equipos, creando un entorno de trabajo más inclusivo y satisfactorio para todos.

Te invitamos a sumergirte en esta lectura con una mente abierta y un espíritu curioso. Cada página está diseñada para ofrecerte conocimientos prácticos y aplicables que podrás llevar a tu entorno laboral, sin importar el tamaño o la naturaleza de tu organización. Al finalizar este libro, esperamos que no solo entiendas mejor a las personas con las que trabajas, sino que también te sientas inspirado para liderarlas de manera que cada generación pueda contribuir con lo mejor de sí misma.

Builders

SERIE CIMA
Smart Business
KNOWLEDGE

La generación conocida como Builders, Silenciosos, Tradicionalistas o Lucky Few, comprende a aquellas personas nacidas aproximadamente entre 1935 y 1949. Se les otorgan varias denominaciones, cada una reflejando diferentes aspectos de su vida y la era en la que crecieron. El término "Builders" (constructores) se deriva de su rol fundamental en la reconstrucción y desarrollo posterior a la Segunda Guerra Mundial. Este grupo de individuos desempeñó un papel crucial en la creación de la infraestructura y las instituciones modernas. Desde la construcción de carreteras y edificios hasta la consolidación de grandes corporaciones, su trabajo y esfuerzo establecieron los cimientos sobre los cuales se desarrollaron las sociedades contemporáneas. Su espíritu de trabajo arduo, disciplina y sacrificio fue esencial para la recuperación económica y social de sus países. Esta generación trabajó con tenacidad para construir un mundo mejor para las futuras generaciones, y de ahí proviene este apelativo.

La palabra "Silenciosos" hace referencia a su actitud reservada en comparación con las generaciones que les siguieron. Crecieron en una época marcada por la Gran Depresión y la Segunda Guerra Mundial, eventos que moldearon su visión del mundo y su comportamiento. Esta generación tendía a evitar el conflicto y prefería el trabajo duro y la estabilidad a las protestas y las revoluciones. Valorizaban la discreción, el respeto a la autoridad y la cohesión social. No buscaban llamar la atención ni crear alborotos, sino contribuir a la estabilidad y el progreso de manera silenciosa y efectiva.

El nombre "Tradicionalistas" resalta su fuerte adherencia a los valores tradicionales y conservadores. Esta generación valora profundamente la familia, el deber, el honor y la lealtad. Se criaron en un tiempo donde las estructuras familiares y comunitarias eran sólidas y las normas sociales estaban claramente definidas. Sus valores y principios han sido fundamentales para preservar las costumbres y tradiciones en un mundo en constante cambio. Los Tradicionalistas valoran la integridad y el cumplimiento del deber, principios que guiaron sus vidas y sus decisiones.

Finalmente, la frase "Lucky Few" (pocos afortunados) se debe a las ventajas y oportunidades únicas que experimentaron en comparación con otras generaciones. A pesar de haber crecido durante tiempos difíciles, disfrutaron de una estabilidad económica significativa en las décadas de 1950 y 1960. Fueron testigos y partícipes del auge económico de la posguerra, beneficiándose de un mercado laboral en expansión y de oportunidades educativas. Este periodo de prosperidad les permitió alcanzar niveles de vida más altos y una seguridad financiera que otras generaciones no han experimentado en la misma medida. Fueron "afortunados" por nacer en un momento que les permitió prosperar y construir un futuro mejor para ellos y sus familias.

La generación de los Builders se identifica con el color gris debido a varias razones simbólicas que reflejan su carácter y experiencias históricas. El gris evoca neutralidad, estabilidad y resiliencia, características esenciales de esta generación que creció en tiempos difíciles. Su actitud pragmática y capacidad para enfrentar adversidades se alinean con la sobriedad del gris.

Este color también representa la sabiduría acumulada a lo largo del tiempo, ya que los Builders fueron testigos de cambios monumentales y adquirieron valiosas lecciones. Además, el gris sugiere modestia y humildad, ya que esta generación priorizaba el trabajo duro y la responsabilidad sobre el protagonismo.

El entorno físico y social de su juventud, marcado por la reconstrucción e industrialización, presentaba una paleta dominada por tonos grises, reflejando un mundo en recuperación. Por último, el gris simboliza la longevidad y la permanencia, encapsulando tanto la estabilidad de su carácter como la dignidad de su vejez, con el cabello gris como metáfora visual de su experiencia y sabiduría acumulada.

A la generación de los Builders se le puede denominar la "Generación de la Radio" porque creció durante la época dorada de este medio de comunicación. En un tiempo antes de la televisión y mucho antes de la era digital, la radio era la principal fuente de entretenimiento, información y conexión con el mundo exterior.

Durante su infancia y juventud, la radio desempeñó un papel central en la vida diaria. Las familias se reunían alrededor del aparato para escuchar programas de noticias, novelas radiales, comedias y música. La radio fue el medio por el cual se transmitieron eventos históricos importantes, como discursos de líderes mundiales, noticias de la Segunda Guerra Mundial y los primeros éxitos del rock and roll.

La radio no solo informaba, sino que también unía a las comunidades, creando un sentido de pertenencia y compartiendo experiencias comunes. A través de sus ondas, esta generación pudo mantenerse conectada con el mundo y entre sí, fortaleciendo los lazos sociales y culturales. Por estas razones, el término "Generación de la Radio" encapsula perfectamente la influencia fundamental que este medio tuvo en sus vidas y su desarrollo.

Con base en el registro de Billboard y otros recursos históricos, los intérpretes musicales más influyentes que acompañaron la infancia y juventud de la generación de los Builders a través de la radio, fueron: Bing Crosby, Benny Goodman, Billie Holiday, Count Basie, Doris Day, Eddie Fisher, Ella Fitzgerald, Elvis Presley, Frank Sinatra, Glenn Miller, Nat King Cole, Patti Page, Perry Como, Rosemary Clooney y Tony Bennett, entre otros.

Estos artistas dominaron las listas de popularidad con sus estilos y voces distintivos, definiendo la banda sonora de una generación que creció en un periodo de grandes cambios y desafíos.

Los líderes clave en eventos globales que definieron la primera mitad del siglo XX, impactando profundamente en la formación de la generación de los Builders fueron los siguientes.

1. Mahatma Gandhi (India, 1869). Líder del movimiento de independencia de India, Gandhi es conocido por su enfoque de resistencia no violenta, que inspiró movimientos de derechos civiles y libertad en todo el mundo. Su liderazgo llevó a la independencia de India en 1947, marcando el fin del dominio colonial británico.

2. **Winston Churchill (Reino Unido, 1874).** Primer ministro británico durante la Segunda Guerra Mundial, Churchill es celebrado por su firmeza y retórica inspiradora que ayudaron a mantener la moral británica alta durante la guerra. Fue una figura central en la resistencia contra la Alemania nazi y en la eventual victoria aliada.

3. **Joseph Stalin (Georgia, 1878).** Como líder de la Unión Soviética, Stalin transformó al país en una superpotencia industrial y militar. Su papel fue crucial en la victoria aliada en la Segunda Guerra Mundial, pero su régimen también fue responsable de represiones brutales y purgas masivas.

4. **Franklin D. Roosevelt (EE. UU., 1882).** Presidente de EE. UU. durante la Gran Depresión y la Segunda Guerra Mundial, Roosevelt implementó el New Deal para revitalizar la economía estadounidense. Su liderazgo en tiempos de guerra fue fundamental para la derrota del Eje y para el establecimiento de las Naciones Unidas.

5. **Benito Mussolini (Italia, 1883).** Fundador del fascismo y dictador de Italia, Mussolini estableció un régimen autoritario que sirvió de modelo para otros gobiernos totalitarios, incluyendo el de Hitler. Su alianza con la Alemania nazi fue un factor clave en la expansión de la Segunda Guerra Mundial.

6. **Harry S. Truman (EE. UU., 1884).** Como presidente de EE. UU., Truman tomó la decisiva y controvertida decisión de lanzar bombas atómicas sobre Japón, lo que aceleró el final de la Segunda Guerra Mundial. Lideró la reconstrucción

de la posguerra y estableció la doctrina Truman, que guio la política estadounidense durante la Guerra Fría.

7. Chiang Kai-shek (China, 1887). Líder nacionalista chino, Chiang luchó contra las fuerzas comunistas y japonesas durante la Segunda Guerra Mundial. Después de la guerra, fue derrotado por los comunistas en la Guerra Civil China y estableció un gobierno en exilio en Taiwán, donde gobernó hasta su muerte.

8. Adolf Hitler (Alemania, 1889). Dictador alemán y líder del Partido Nazi, Hitler fue el principal arquitecto de la Segunda Guerra Mundial y del Holocausto, que resultó en la muerte de millones de personas. Su agresiva política expansionista llevó a la devastación de Europa y a su eventual derrota.

9. Charles de Gaulle (Francia, 1890). Líder de la Francia Libre durante la Segunda Guerra Mundial, de Gaulle jugó un papel clave en la resistencia contra la ocupación nazi. Después de la guerra, fundó la Quinta República Francesa, estableciendo un gobierno fuerte que perdura hasta hoy.

10. Hirohito (Japón, 1901). Emperador de Japón durante la Segunda Guerra Mundial, Hirohito supervisó la transformación de Japón en una potencia militar. Después de la derrota de Japón en 1945, bajo su reinado, el país se reconstruyó y se convirtió en una de las economías más fuertes del mundo, aunque su papel exacto durante la guerra sigue siendo un tema de debate.

Los siguientes eventos definieron la era y tuvieron un impacto duradero en la infancia y juventud de los Builders, moldeando el mundo en el que crecieron:

1. Gran Depresión (1929-1939). Una severa crisis económica mundial que comenzó con el colapso de la bolsa de valores en 1929, causando desempleo masivo y pobreza.
2. Ascenso del Fascismo y Nazismo (década de 1930). El surgimiento de ideologías totalitarias en Europa, lideradas por figuras como Benito Mussolini y Adolf Hitler, que llevaron a la Segunda Guerra Mundial.
3. Segunda Guerra Mundial (1939-1945). El conflicto global más devastador del siglo XX, involucrando a las principales potencias mundiales y resultando en la muerte de millones.
4. Ataque a Pearl Harbor (1941). Japón ataca la base naval estadounidense en Hawái, lo que lleva a la entrada de EE. UU. en la Segunda Guerra Mundial.
5. Holocausto (1941-1945). El genocidio sistemático de seis millones de judíos y otros grupos por parte del régimen nazi durante la Segunda Guerra Mundial.
6. Bombardeos Atómicos de Hiroshima y Nagasaki (1945). Estados Unidos lanza bombas atómicas sobre estas ciudades japonesas, acelerando el fin de la Segunda Guerra Mundial.

7. Fundación de las Naciones Unidas (1945). Creación de una organización internacional para promover la paz y la cooperación global postguerra.

8. Inicio de la Guerra Fría (1947-1991): Tensión política y militar entre Estados Unidos y la Unión Soviética, marcada por la carrera armamentista y conflictos indirectos.

9. Creación de la OTAN (1949). La Organización del Tratado del Atlántico Norte (OTAN) se formó en Washington D.C. para establecer una alianza militar entre países occidentales y contrarrestar la influencia soviética durante la Guerra Fría.

10. Ocupación comunista de Pekín (1949): Las tropas comunistas tomaron control de la capital china, marcando el establecimiento de la República Popular China bajo el liderazgo de Mao Zedong.

Las siguientes corrientes culturales forjaron significativamente las experiencias y perspectivas de la generación de los Builders:

1. El Surrealismo. Un movimiento artístico que exploraba el subconsciente y lo irracional, utilizando técnicas como el sueño despierto, el automatismo y el collage. Figuras importantes: Salvador Dalí, René Magritte, Max Ernst.

2. El Jazz. Un género musical originado en las comunidades afrodescendientes de Estados Unidos, que se popularizó a nivel mundial y evolucionó en diversos estilos como el swing, el bebop y el cool jazz. Figuras importantes: Duke Ellington, Louis Armstrong, Charlie Parker.

3. Propaganda y Arte de Guerra. Durante la Segunda Guerra Mundial, la propaganda se convirtió en una herramienta clave para movilizar y motivar a las poblaciones. El arte y el cine se utilizaron para apoyar los esfuerzos de guerra y promover ideales nacionales.

4. El Cine Negro. Un subgénero cinematográfico que exploraba temas sociales como el racismo, la pobreza y la criminalidad, a menudo con protagonistas afrodescendientes. Figuras importantes: Orson Welles, Richard Wright, Lena Horne.

5. Neorrealismo Italiano. Movimiento cinematográfico caracterizado por historias realistas de la vida cotidiana y las dificultades postguerra, con directores como Roberto Rossellini y Vittorio De Sica, influyendo en el cine mundial.

6. El Realismo Mágico. Un movimiento literario latinoamericano que combina elementos realistas con elementos mágicos o fantásticos, reflejando la cultura y la cosmovisión de la región. Figuras importantes: Gabriel García Márquez, Jorge Luis Borges, Alejo Carpentier.

7. Primeros pasos del Rock and Roll. Surgimiento de un nuevo género musical en Estados Unidos, combinando elementos de R&B, jazz, gospel y country, que más tarde se

convertiría en una influencia dominante en la música popular.

Las corrientes de pensamiento filosófico que ofrecieron marcos diversos para entender y abordar las complejidades del mundo, impactando profundamente en la formación intelectual de la generación de los Builders fueron las siguientes:

1. Neopositivismo (Circulo de Viena). Movimiento filosófico que defendía el uso del análisis lógico y la ciencia empírica como las únicas fuentes de conocimiento auténtico. Sus principales exponentes incluían a Rudolf Carnap y Moritz Schlick.

2. Fenomenología. Una corriente filosófica que se centra en la experiencia subjetiva y la conciencia, buscando comprender la estructura esencial de los fenómenos y la relación entre la mente y el mundo. Figuras importantes: Edmund Husserl y Maurice Merleau-Ponty.

3. Existencialismo. Surgido en Europa, este movimiento filosófico se centra en la experiencia individual, la libertad y la responsabilidad personal. Filósofos como Jean-Paul Sartre y Martin Heidegger exploraron temas de autenticidad, angustia y la búsqueda de significado en un mundo aparentemente absurdo.

4. Pragmatismo. Desarrollado principalmente en Estados Unidos, esta escuela enfatiza la práctica y el éxito de las ideas como criterio de verdad. Filósofos como John Dewey y Charles Sanders Peirce defendieron que el conocimiento se valida por sus efectos prácticos y su utilidad en la resolución de problemas.

5. Escuela de Frankfurt. Grupo de teóricos sociales y filósofos críticos que combinaban el marxismo con otros enfoques, incluyendo la teoría crítica, para analizar las estructuras de poder y la cultura contemporánea. Sus miembros destacados incluían a Theodor Adorno y Max Horkheimer.

Los siguientes avances transformaron la ciencia y la tecnología y tuvieron un profundo impacto en la vida cotidiana, la medicina, la guerra y la industria, moldeando el mundo en el que creció la generación de los Builders:

1. Penicilina Sintética (1935). Descubierta por Alexander Fleming en 1928 y sintetizada por Ernst Boris Chain y Howard Flore, la penicilina revolucionó la medicina al introducir el primer antibiótico eficaz, salvando innumerables vidas durante la Segunda Guerra Mundial y más allá.

2. **Televisión en Color (1940):** Philo Farnsworth patentó un sistema de televisión en color, sentando las bases para la televisión moderna.
3. **Primera Computadora Digital (1945).** El ENIAC (Electronic Numerical Integrator and Computer), desarrollado por John Presper Eckert y John Mauchly, fue la primera computadora digital de propósito general, marcando el inicio de la era de la informática.
4. **Radar (Desarrollo en 1930s, uso 1940s).** Desarrollado principalmente durante la década de 1930 y perfeccionado durante la Segunda Guerra Mundial, el radar transformó las capacidades militares y de navegación, siendo crucial para la defensa aérea y marítima.
5. **Bomba Atómica (1945).** Desarrollada durante el Proyecto Manhattan, liderado por figuras como Robert Oppenheimer, la bomba atómica fue detonada por primera vez en Hiroshima y Nagasaki en 1945, cambiando el curso de la guerra y la política mundial.
6. **Sintetización del Nylon (1935).** Desarrollado por Wallace Carothers y su equipo en DuPont, el nylon fue el primer polímero sintético comercialmente exitoso, revolucionando la industria textil y muchos otros campos con sus aplicaciones versátiles.
7. **Transistor (1947).** Inventado por John Bardeen, Walter Brattain y William Shockley en los Bell Labs, el transistor reemplazó las válvulas de vacío, permitiendo el desarrollo de dispositivos electrónicos más pequeños, eficientes y fiables, sentando las bases de la electrónica moderna.

Las siguientes empresas surgieron durante un periodo crucial de transformación global y tuvieron un impacto significativo en la economía, la tecnología y la cultura, influyendo en la vida de la generación de los Builders y más allá:

1. Polaroid (EE. UU., 1937). Fundador: Edwin H. Land. Conocida por sus cámaras instantáneas, Polaroid revolucionó la fotografía con la introducción de la fotografía instantánea, permitiendo a los usuarios ver sus fotos minutos después de tomarlas.

2. Volkswagen (Alemania, 1937). Fundador: Asociación de Trabajo del Frente Alemán bajo Ferdinand Porsche. Fabricante de automóviles conocido por el icónico Volkswagen Beetle, con un enfoque en la producción de autos asequibles.

3. Samsung (Corea del Sur, 1938). Fundador: Lee Byung-chul. Inició como una empresa comercializadora de productos alimenticios y textiles y evolucionó hasta convertirse en un conglomerado multinacional en diversas industrias, incluyendo la tecnología.

4. Hewlett-Packard (EE. UU., 1939). Fundadores: Bill Hewlett y David Packard. Fundada en un garaje en Palo Alto, California, HP se convirtió en una de las principales empresas de tecnología e informática del mundo, conocida

por sus innovaciones en equipos de impresión y computación.

5. McDonald's (EE. UU., 1940). Fundadores: Richard y Maurice McDonald. Comenzó como un restaurante de comida rápida en San Bernardino, California. McDonald's es ahora la mayor cadena de restaurantes de comida rápida en el mundo, famosa por sus hamburguesas y su sistema de franquicias.

6. IKEA (Suecia, 1943). Fundador: Ingvar Kamprad. Multinacional de muebles y artículos para el hogar, reconocida por su diseño moderno y precios asequibles.

7. Mattel (EE. UU., 1945). Fundadores: Harold "Matt" Matson y Elliot Handler. Empresa de juguetes, conocida por marcas icónicas como Barbie y Hot Wheels. Mattel se convirtió en una de las mayores compañías de juguetes del mundo.

8. Casio (Japón, 1946). Fundadores: Tadao Kashio y sus hermanos. Empresa de productos electrónicos. Casio es conocida por sus calculadoras, relojes digitales y teclados electrónicos, con innovaciones que revolucionaron estos mercados.

9. Sony (Japón, 1946). Fundadores: Masaru Ibuka y Akio Morita. Empresa de electrónica y entretenimiento. Sony se ha destacado por sus innovaciones en productos electrónicos de consumo, incluyendo el Walkman y la PlayStation.

10. Tupperware (EE. UU., 1946). Fundadores: Earl Tupper y Brownie Wise. Empresa multinacional que fabrica y vende productos de plástico para el hogar.

A continuación un tributo a las mujeres que dejaron una huella significativa en la política, ciencia, arte y derechos humanos, influyendo en la generación de los Builders y en el mundo entero.

1. Marie Curie (Polonia, 1867). Científica pionera en el campo de la radiactividad, fue la primera persona en ganar dos premios Nobel en diferentes ciencias (Física y Química). Su trabajo revolucionó la física y la medicina.

2. Helen Keller (EE. UU., 1880). Escritora, conferenciante y activista, conocida por su superación de la discapacidad visual y auditiva.

3. Virginia Woolf (Reino Unido, 1882). Escritora y figura central del modernismo literario, conocida por sus innovadoras técnicas narrativas y obras como "La señora Dalloway" y "Al faro". Sus escritos sobre la condición de la mujer influyeron profundamente en la literatura y el feminismo.

4. Coco Chanel (Francia, 1883). Diseñadora de moda francesa, fundadora de la casa Chanel, considerada una de las figuras más influyentes de la moda del siglo XX.

5. Eleanor Roosevelt (EE. UU., 1884). Primera dama de los Estados Unidos, defensora de los derechos humanos y sociales. Jugó un papel clave en la redacción de la Declaración Universal de los Derechos Humanos de la ONU.

6. Agatha Christie (Inglaterra, 1890). Escritora británica de novelas policíacas, considerada una de las autoras más vendidas de todos los tiempos.

7. Amelia Earhart (EE. UU., 1897). Pionera de la aviación, fue la primera mujer en volar sola a través del Atlántico. Su valentía y desaparición en 1937 la convirtieron en una leyenda e inspiración para futuras generaciones de aviadoras.

8. Frida Kahlo (México, 1907). Pintora conocida por sus autorretratos y obras llenas de simbolismo personal. Su vida y arte exploraron temas de identidad, postcolonialismo, género y clase.

9. Simone de Beauvoir (Francia, 1908). Filósofa y escritora, su libro "El segundo sexo" es un texto fundamental del feminismo moderno, que analiza la opresión de las mujeres y defiende la igualdad de género.

10. Hedy Lamarr (Austria, 1914). Actriz e inventora, codesarrolló una técnica de espectro ensanchado que es la base de tecnologías modernas como Wi-Fi y Bluetooth. Su contribución tecnológica fue reconocida décadas después de su invención.

Los Builders, nacidos aproximadamente entre 1935 y 1949, crecieron en una época en la que el núcleo familiar tradicional era el pilar central de la sociedad. La familia nuclear, compuesta por padres e hijos, prevalecía como la estructura ideal y más común. Los roles dentro de la familia estaban claramente definidos: el padre como proveedor y la madre como cuidadora del hogar y los hijos. Esta estructura proporcionaba un sentido de estabilidad y continuidad en tiempos de cambio y adversidad. La importancia del matrimonio y la familia se subrayaba en todas las esferas de la vida, desde la educación hasta la religión y los medios de comunicación.

La infancia y juventud de los Builders estuvo marcada por un macroentorno de limitaciones debido a la Gran Depresión y la Segunda Guerra Mundial. La escasez de recursos, el racionamiento de alimentos y materiales, y las restricciones económicas eran parte del día a día. Esta generación aprendió a valorar lo que tenía y a ser creativa y resiliente en medio de la escasez. Las limitaciones también moldearon sus expectativas y aspiraciones, fomentando una mentalidad de trabajo duro y ahorro como formas de asegurar la supervivencia y el éxito a largo plazo.

Durante las primeras décadas del siglo XX, el acceso a la educación superior y a oportunidades profesionales estaba limitado a una minoría privilegiada. Muchos jóvenes Builders no tenían la posibilidad de acceder a universidades, y la mayoría optaba por empleos en sectores industriales y agrícolas. La profesionalización se veía como una meta lejana y accesible solo para unos pocos, lo que contrastaba con las generaciones posteriores donde la educación universitaria se convirtió en un objetivo más alcanzable y común. Este contexto contribuyó a la formación de una mano de obra disciplinada y comprometida, fundamental para la reconstrucción y el desarrollo económico de la posguerra.

La participación de las mujeres en la fuerza laboral durante la época de los Builders era significativamente menor en comparación con los hombres. Las normas sociales y culturales promovían la idea de que las mujeres debían dedicarse principalmente a las tareas del hogar y al cuidado de los hijos. Algunas excepciones fueron las maestras, las enfermeras, las secretarias y las meseras. Aunque la Segunda Guerra Mundial provocó un aumento temporal en la participación laboral femenina debido a la necesidad de reemplazar a los hombres que iban al frente, muchas mujeres regresaron a roles domésticos tras el fin del conflicto. La visión tradicional del rol femenino limitaba sus oportunidades laborales y profesionales, aunque sentó las bases para los cambios que vendrían en las décadas siguientes.

Los Builders valoraban profundamente la estabilidad, la integridad y la disciplina, atributos que se reflejaban en su vida personal y profesional. La estabilidad se buscaba en todas las facetas de la vida, desde el empleo hasta las relaciones familiares, proporcionando un refugio seguro en un mundo marcado por la incertidumbre. La integridad era un valor fundamental, con un fuerte énfasis en la honestidad, la lealtad y el cumplimiento del deber. La disciplina, tanto en el trabajo como en la vida personal, era crucial para alcanzar el éxito y mantener el orden. Estos valores no solo definieron a los individuos de esta generación, sino que también influyeron en la cultura y las políticas de las sociedades en las que vivieron, dejando un legado perdurable para las generaciones futuras.

La generación de los Builders se distingue por su ética de trabajo basada en el esfuerzo constante, a menudo descrito con el término "Hard Work". Este valor fue inculcado desde temprana edad, en parte debido a las adversidades económicas de la Gran Depresión y las exigencias de la Segunda Guerra Mundial. Los Builders crecieron en un entorno donde el trabajo duro no solo era una necesidad, sino un deber moral. Esta mentalidad los impulsa a esforzarse al máximo en todas sus tareas, con un fuerte sentido de responsabilidad y dedicación. Creen firmemente que el éxito y el progreso se alcanza a través del esfuerzo incansable y la perseverancia, lo que los lleva a ser altamente productivos y comprometidos en sus roles laborales.

En cuanto a la gestión, los Builders valoran la eficiencia por encima de todo. En un contexto postguerra, donde la reconstrucción y el desarrollo económico eran prioritarios, la eficiencia en la gestión se convirtió en un principio clave. Los procesos eran diseñados para maximizar la productividad y minimizar el desperdicio de recursos. Los líderes de esta generación son conocidos por su habilidad para organizar y dirigir equipos de manera efectiva, asegurando que los objetivos se cumplan en tiempo y forma. La capacidad de tomar decisiones rápidas y acertadas es altamente valorada, y la eficiencia se considera una medida de éxito en cualquier proyecto o empresa.

La calidad en el trabajo y en los productos es otra característica fundamental para los Builders, definida estrictamente por las especificaciones. En un periodo donde la manufactura y la producción industrial eran dominantes, cumplir con los estándares de calidad establecidos era crucial. Los Builders se enfocan en asegurar que cada producto y servicio ofrecido cumpla con las especificaciones detalladas, garantizando su fiabilidad y durabilidad. Esta atención meticulosa a los detalles se traduce en una reputación de excelencia y confiabilidad en sus respectivos campos. La precisión y la adherencia a las especificaciones no solo aseguran la satisfacción del cliente, sino que también reflejaban el orgullo personal y profesional en su trabajo.

En términos de comunicación, los Builders prefieren la interacción cara a cara. Creen que las conversaciones directas y personales son la forma más efectiva de transmitir ideas, resolver problemas y construir relaciones laborales sólidas. Esta preferencia por la comunicación en persona fomenta un ambiente de trabajo donde la confianza y el entendimiento mutuo son primordiales. Las reuniones, conferencias y charlas son escenarios comunes donde se discuten y deciden los asuntos importantes. La habilidad para comunicarse de manera clara y efectiva en persona es altamente valorada y considerada esencial para el liderazgo y la colaboración.

El aporte más valioso de los Builders en el entorno laboral era su vasta experiencia. Habiendo vivido y trabajado durante tiempos de grandes cambios y desafíos, acumulan un conocimiento práctico y profundo que es invaluable para sus organizaciones. Esta experiencia les permite tomar decisiones informadas, anticipar problemas potenciales y ofrecer soluciones basadas en lecciones aprendidas. Los Builders deben ser vistos como mentores y guías, cuyo conocimiento y perspectiva histórica enriquecen el entorno laboral. Su experiencia no solo es un recurso para la resolución de problemas, sino también una fuente de inspiración para las generaciones más jóvenes.

Sin embargo, uno de los mayores retos que enfrentan los Builders es su resistencia al cambio. Habiendo desarrollado sus habilidades y conocimientos en un contexto específico y estable, muchos de ellos encuentran difícil adaptarse a las nuevas tecnologías y métodos de trabajo que emergieron en las décadas posteriores. Esta resistencia al cambio a veces limita su capacidad para innovar y aceptar nuevas ideas. Sin embargo, su determinación y ética de trabajo a menudo los ayuda a superar estas barreras, aprendiendo y adaptándose a un ritmo más lento pero constante.

Para atraer a los Builders, una generación que creció en un entorno mediático dominado por el periódico, la radio y la televisión, es crucial utilizar estos medios tradicionales para captar su atención. Los periódicos, con sus anuncios clasificados y reportajes detallados, ofrecen un canal confiable y familiar para esta generación. Los Builders están acostumbrados a obtener información y ofertas de empleo a través de este medio, lo que les brinda una sensación de seguridad y legitimidad.

La radio, otra herramienta poderosa, proporciona una plataforma para llegar a los Builders en sus hogares, autos y lugares de trabajo. La publicidad en estaciones de radio locales, especialmente durante programas de noticias o de entretenimiento que esta generación aún sigue, puede ser una estrategia efectiva. La radio, con su capacidad de transmitir mensajes de manera repetitiva, puede reforzar el conocimiento de la marca y las oportunidades de empleo.

La televisión, aunque más moderna comparada con los periódicos y la radio, también juega un papel crucial. Los comerciales televisivos, especialmente durante programas de noticias o series clásicas que los Builders disfrutan, pueden capturar su interés. Mostrar testimonios de colaboradores actuales y destacar los valores de la empresa puede resonar bien con esta generación, que valora la estabilidad y la integridad.

Una vez que los Builders son atraídos hacia la organización, es esencial integrarlos adecuadamente para asegurar su compromiso y productividad. La integración presencial es fundamental para ellos. Esta generación valora las interacciones cara a cara y se siente más cómoda en entornos donde pueden establecer relaciones personales directas. Programas de orientación que incluyen reuniones en persona, tours por las instalaciones y presentaciones formales son efectivos para hacerlos sentir bienvenidos y valorados.

El respeto es un componente clave en la integración de los Builders. Esta generación aprecia ser tratada con dignidad y reconocimiento por su experiencia y conocimientos. Fomentar un ambiente de trabajo donde se valoren sus opiniones y se reconozcan sus contribuciones puede mejorar significativamente su compromiso y satisfacción laboral.

Además, los Builders valoran los reglamentos claros y bien definidos. Proporcionarles un manual del empleado detallado, que incluya políticas de la empresa, expectativas laborales y procedimientos, les brinda una estructura que ellos consideran esencial. Este enfoque no solo ayuda a evitar malentendidos, sino que también asegura que los Builders comprendan plenamente su rol y las normas de la organización.

El desarrollo continuo es vital para mantener a los Builders comprometidos y productivos. Esta generación, que valora la educación y el aprendizaje, se beneficia enormemente de las oportunidades de desarrollo profesional. La lectura es una herramienta poderosa. Proveerles acceso a libros, artículos y publicaciones relevantes para su campo puede ayudarles a mantenerse actualizados y mejorar sus habilidades. Los manuales detallados son otra herramienta valiosa. Los Builders prefieren tener recursos tangibles que puedan consultar cuando lo necesiten. Manuales de procedimientos, guías de uso y documentación técnica son esenciales para su desarrollo y confianza en el desempeño de sus tareas.

Los cursos tradicionales, ya sean presenciales o en formato de seminarios, son altamente efectivos para esta generación. Los Builders valoran la interacción directa con instructores y compañeros, y prefieren métodos de enseñanza estructurados. Ofrecerles capacitación en habilidades técnicas, liderazgo y gestión a través de cursos tradicionales no solo mejora sus capacidades, sino que también demuestra el compromiso de la empresa con su desarrollo profesional.

Retener a los Builders requiere estrategias que refuercen su sentido de pertenencia en la organización. Fomentar un ambiente de trabajo donde se sientan valorados y parte integral del equipo es crucial. Actividades de equipo, reuniones regulares y eventos corporativos pueden fortalecer su sentido de comunidad y lealtad hacia la empresa.

La permanencia es otro factor crítico. Los Builders valoran la estabilidad laboral y buscan empleadores que ofrezcan seguridad a largo plazo. Programas de reconocimiento de la antigüedad, planes de jubilación atractivos y beneficios laborales que promuevan la estabilidad pueden ser factores decisivos para retenerlos. Finalmente, los servicios de salud son un aspecto esencial para esta generación. Ofrecer seguros de salud completos, programas de bienestar y acceso a servicios médicos de calidad puede ser un gran incentivo. Los Builders aprecian los empleadores que se preocupan por su bienestar físico y mental, y estos servicios pueden mejorar significativamente su satisfacción y lealtad.

Actividades para conocer más a profundidad a los Builders:

1. Investiga el perfil de 5 hombres y 5 mujeres famosos de la generación de los Builders, globalmente reconocidos por sus contribuciones políticas, sociales, religiosas o empresariales, con el propósito de comprender el impacto de estos individuos en diversos campos y su relevancia histórica.

2. Escucha la música, lee los libros y ve las películas que marcaron a los Builders en su infancia y juventud, de modo que conozcas la cultura y la visión del mundo que imperaba en su tiempo.

3. Conversa con una persona cercana de la generación de los Builders sobre su experiencia y trayectoria laboral y personal, con el objetivo de obtener una

perspectiva directa sobre las vivencias y valores de esta generación.

4. Revisa y analiza anuncios de empleo publicados en su momento para atraer Builders, para entender cómo se comunicaban las oportunidades laborales de la época a través de los medios que prevalecían en ese tiempo.

5. Descubre los ídolos artísticos y deportivos más aclamados entre 1935 y 1949, y adéntrate en sus historias de vida, con el objetivo de entender las fórmulas de éxito que entusiasmaban a los Builders en su infancia y juventud.

6. Organiza un debate sobre la importancia de los valores personales y laborales promovidos por la generación de los Builders, con el propósito de reflexionar sobre cómo esos valores pueden aplicarse y adaptarse en el contexto actual y futuro del trabajo.

7. Investiga la historia de empresas fundadas entre 1935 y 1949 para comprender cómo reflejaron las características de los Builders y cuál ha sido su impacto en lo económico, social y ambiental.

SERIE CIMA
Smart Business
KNOWLEDGE

Baby Boomers

SERIE CIMA
Smart Business
KNOWLEDGE

La generación conocida como los Baby Boomers, Golden Boomers o Alpha Boomers, abarca a las personas nacidas aproximadamente entre 1950 y 1964. Este grupo demográfico recibe varios nombres, cada uno reflejando diferentes aspectos de su tiempo y características. "Baby Boomers" es el nombre más comúnmente utilizado para esta generación y se deriva del significativo aumento en las tasas de natalidad que ocurrió después de la Segunda Guerra Mundial. Este "baby boom" se produjo debido a varias razones. Tras años de conflicto y dificultades, las sociedades de muchas partes del mundo, especialmente en los Estados Unidos y Europa, experimentaron un periodo de prosperidad y estabilidad. Los soldados regresaban a casa, se casaban y comenzaban familias, resultando en un notable incremento de nacimientos. Este aumento demográfico marcó un cambio significativo en la estructura de la población, que a su vez influenció profundamente en la economía, la política y la cultura en las décadas siguientes.

"Golden Boomers" es el término que subraya la prosperidad y el crecimiento económico que caracterizaron los años formativos de esta generación. Los años 50 y 60 fueron una época dorada de expansión económica, desarrollo tecnológico y mejoras en el nivel de vida en muchos países desarrollados. Los Baby Boomers crecieron en un periodo donde la propiedad de viviendas, el acceso a la educación superior y el aumento de los ingresos familiares se volvieron más accesibles para una mayor parte de la población. Esta prosperidad se reflejaba en la seguridad financiera y las oportunidades que tenían, comparadas con generaciones anteriores.

"Alpha Boomers" es un término que resalta el liderazgo y la influencia de los Baby Boomers en diversos aspectos de la sociedad. A medida que crecieron, los Boomers ocuparon posiciones claves en la política, los negocios y la cultura. Su gran número y su disposición a desafiar el statu quo les permitieron moldear significativamente las tendencias sociales y económicas. Este liderazgo se manifestó en movimientos sociales, como el movimiento por los derechos civiles y el feminismo, y en la adopción de nuevas tecnologías y modos de vida que transformaron las sociedades de manera profunda y duradera.

La generación de los Baby Boomers se identifica con el color azul por varias razones simbólicas y culturales. El azul es frecuentemente asociado con la estabilidad, la confianza y la seguridad, valores fundamentales para esta generación. Tras la Segunda Guerra Mundial, los Baby Boomers crecieron en una época de reconstrucción y prosperidad económica, donde la estabilidad y el progreso eran aspiraciones clave.

El azul también simboliza el optimismo y la esperanza, características del periodo de posguerra en el que los Baby Boomers nacieron y se criaron. Este era un tiempo de grandes expectativas para el futuro, con avances en tecnología, medicina y derechos civiles que prometían un mundo mejor.

Además, el azul es un color tradicionalmente ligado a las instituciones y corporaciones, reflejando la integración de los Baby Boomers en el ámbito laboral y su influencia en la configuración de las economías modernas. Con su fuerte ética de trabajo y su deseo de construir una vida mejor, el color azul encapsula el espíritu y las aspiraciones de esta influyente generación.

La generación de los Baby Boomers puede ser denominada la "Generación del Disco LP" debido a la profunda conexión cultural y emocional que desarrollaron con este formato de música. El LP (long play), introducido por Columbia Records en 1948, revolucionó la industria musical, permitiendo la grabación y reproducción de álbumes completos con una calidad de sonido superior.

Durante las décadas de 1950 y 1960, los LP se convirtieron en el medio principal para la difusión de música, coincidiendo con la infancia y la juventud de los Baby Boomers. Artistas icónicos lanzaron álbumes emblemáticos en este formato, que definieron la banda sonora de una generación marcada por cambios sociales y culturales.

El acto de comprar, escuchar y coleccionar discos LP se convirtió en una experiencia compartida y un rito de paso para los Baby Boomers. Las portadas de los álbumes, a menudo consideradas obras de arte, y las letras de las canciones incluidas en los LP, proporcionaron un medio para la expresión personal y la exploración de temas sociales y políticos. Así, el disco LP no solo fue un formato de música, sino un símbolo de identidad y pertenencia para esta generación.

Durante la infancia y juventud de los Baby Boomers, la música desempeñó un papel central, y varios intérpretes se destacaron en las listas de popularidad de Billboard y de otros recursos históricos, siendo los intérpretes musicales más escuchados: Aretha Franklin, Bob Dylan, Cher, Chicago, Marvin Gaye, Neil Diamond, Ray Charles, Santana, Simon & Garfunkel, The Beach Boys, The Beatles, The Doors, The Rolling Stones, The Supremes y The Temptations, entre otros.

Estos artistas no solo dominaron las listas de popularidad, sino que también influyeron profundamente en la cultura y la música de la época, acompañando a los Baby Boomers durante sus años formativos.

Los siguientes líderes moldearon la política y la sociedad de sus respectivos países y tuvieron un impacto significativo en el escenario global, influenciando eventos clave y trayectorias que definieron la infancia y juventud de los Baby Boomers.

1. Jawaharlal Nehru (India, 1889). Primer ministro de India y una de las figuras clave en la lucha por la independencia de India. Nehru estableció las bases del estado moderno indio y fue uno de los fundadores del Movimiento de Países No Alineados, que buscaba mantener la independencia de las nuevas naciones durante la Guerra Fría.

2. Dwight D. Eisenhower (EE. UU., 1890). Presidente de EE. UU. y comandante supremo de las fuerzas aliadas en Europa durante la Segunda Guerra Mundial. Eisenhower implementó la política de contención contra la expansión soviética y fue instrumental en la creación de la red de autopistas interestatales de EE. UU.

3. Ho Chi Minh (Vietnam, 1890). Líder comunista vietnamita y figura central en la lucha por la independencia

de Vietnam. Fundador del Viet Minh, dirigió la resistencia contra Francia y Estados Unidos, logrando la independencia de Vietnam del Norte y estableciendo las bases para la unificación del país bajo un gobierno comunista.

4. Mao Zedong (China, 1893). Líder comunista chino y fundador de la República Popular China. Mao consolidó el poder del Partido Comunista en China y lanzó iniciativas como el Gran Salto Adelante y la Revolución Cultural, que tuvieron profundos efectos en la sociedad china y el desarrollo económico del país.

5. Nikita Khrushchev (Ucrania, 1894). Líder de la Unión Soviética, conocido por promover la desestalinización y por su papel durante la Crisis de los Misiles en Cuba, que llevó al mundo al borde de una guerra nuclear. Khrushchev también impulsó la carrera espacial soviética, que llevó al primer ser humano al espacio.

6. John F. Kennedy (EE. UU., 1917). Presidente de EE. UU., gestionó la Crisis de los Misiles en Cuba, evitando una guerra nuclear. Kennedy también promovió los derechos civiles en Estados Unidos y estableció el objetivo de llevar a un hombre a la luna, lo que impulsó el programa espacial estadounidense.

7. Gamal Abdel Nasser (Egipto, 1918). Presidente de Egipto y líder del panarabismo, Nasser fue una figura clave en la Crisis del Canal de Suez, lo que le permitió consolidar su poder y convertirse en un símbolo de la independencia árabe. Promovió políticas de modernización en Egipto y fue uno de los principales impulsores del Movimiento de Países No Alineados.

8. Fidel Castro (Cuba, 1926). Líder revolucionario cubano que encabezó la Revolución Cubana derrocando al gobierno de Batista y estableciendo un estado socialista en la isla. Su alianza con la Unión Soviética y su resistencia frente a Estados Unidos convirtieron a Cuba en un punto focal de la Guerra Fría, especialmente durante la Crisis de los Misiles en Cuba.

9. Reina Isabel II (Reino Unido, 1926). Su liderazgo abarcó grandes cambios políticos, sociales y culturales tanto en el Reino Unido como en la Commonwealth. A lo largo de su reinado, Isabel II fue una figura de estabilidad y continuidad. Su influencia y carisma la convirtieron en una figura respetada globalmente, dejando una profunda huella en la historia mundial.

10. Martin Luther King Jr. (EE. UU., 1929). Líder del movimiento por los derechos civiles en Estados Unidos, King promovió la lucha no violenta contra la segregación racial. Su liderazgo fue crucial en la aprobación de leyes clave como la Ley de Derechos Civiles y la Ley de Derecho al Voto, transformando la sociedad estadounidense y dejando un legado de igualdad y justicia social.

Los siguientes eventos influyeron en la geopolítica global dejando una marca indeleble en los Baby Boomers, moldeando sus percepciones y experiencias del mundo.

1. Guerra de Corea (1950-1953). Conflicto entre Corea del Norte, apoyada por China y la Unión Soviética, y Corea del Sur, apoyada por Estados Unidos y Naciones Unidas. Terminó en un armisticio, estableciendo la frontera en el paralelo 38.

2. Revolución Cubana (1953-1959). Movimiento liderado por Fidel Castro que derrocó al dictador cubano Fulgencio Batista, estableciendo un gobierno socialista en Cuba.

3. Guerra de Vietnam (1955-1975). Conflicto prolongado entre Vietnam del Norte, apoyado por el bloque comunista, y Vietnam del Sur, apoyado por Estados Unidos y otras naciones anticomunistas, con gran impacto en la política y sociedad global.

4. Crisis de Suez (1956). Conflicto entre Egipto y una coalición de Israel, Francia y Reino Unido, tras la nacionalización del Canal de Suez por parte de Egipto. La intervención de la ONU llevó a la retirada de las fuerzas invasoras.

5. Lanzamiento del Sputnik (1957). El primer satélite artificial de la Tierra, lanzado por la Unión Soviética, marcó el inicio de la carrera espacial entre Estados Unidos y la Unión Soviética.

6. Fundación de la NASA (1958). La creación de la Administración Nacional de Aeronáutica y del Espacio (NASA) por parte de Estados Unidos, marcando el inicio formal de la exploración espacial organizada y liderada por el gobierno.

7. Construcción del Muro de Berlín (1961). La República Democrática Alemana construyó un muro que dividió Berlín en dos, simbolizando la división de Alemania y el mundo en bloques ideológicos durante la Guerra Fría.

8. Crisis de los Misiles en Cuba (1962). Confrontación entre Estados Unidos y la Unión Soviética sobre la instalación de misiles nucleares soviéticos en Cuba. La crisis se resolvió con la retirada de los misiles en intercambio por la promesa de Estados Unidos de no invadir Cuba.

9. Marcha sobre Washington (1963). Importante manifestación por los derechos civiles en Estados Unidos, donde Martin Luther King Jr. pronunció su famoso discurso "I Have a Dream".

10. Asesinato de John F. Kennedy (1963). El presidente de Estados Unidos fue asesinado en Dallas, Texas, causando conmoción mundial y llevando a una transición abrupta del poder a Lyndon B. Johnson.

Las siguientes corrientes culturales definieron la época formativa Baby Boomers y tuvieron un impacto duradero en las generaciones futuras, influyendo en la música, la literatura, el arte y los movimientos sociales.

1. Movimiento por los Derechos Civiles. Lucha por la igualdad racial en Estados Unidos, liderada por figuras como

Martin Luther King Jr. y Rosa Parks. Este movimiento tuvo un impacto profundo en la sociedad y la cultura.

2. Beat Generation. Movimiento literario y cultural en Estados Unidos, liderado por escritores como Jack Kerouac y Allen Ginsberg. La Beat Generation cuestionó los valores tradicionales y exploró temas de espiritualidad, libertad personal y rechazo al materialismo.

3. Pop Art. Movimiento artístico que emergió en el Reino Unido y Estados Unidos, caracterizado por el uso de imágenes y técnicas de la cultura popular, como la publicidad y los cómics. Artistas como Andy Warhol y Roy Lichtenstein desafiaron las distinciones entre el arte "alto" y "bajo".

4. Nueva Ola Francesa. Movimiento cinematográfico en Francia que revolucionó el cine con técnicas innovadoras y un enfoque en la narrativa y el estilo visual. Directores como François Truffaut y Jean-Luc Godard lideraron esta corriente, influyendo en cineastas de todo el mundo.

5. Segunda Ola del Feminismo. Movimiento social que buscaba la igualdad de derechos para las mujeres en todos los ámbitos de la vida, con figuras destacadas como Betty Friedan. Cuestionó los roles de género tradicionales y abrió el camino para futuras luchas feministas.

6. Beatlemanía. Fenómeno cultural desencadenado por la banda británica The Beatles, que revolucionó la música popular y generó una ola de fanatismo juvenil a nivel mundial. Simbolizó una nueva era de libertad y expresión juvenil.

7. **Contracultura Hippie.** Movimiento juvenil que surgió en Estados Unidos y se extendió globalmente, caracterizado por su rechazo a los valores conservadores y su adopción de una vida comunitaria, la experimentación con drogas psicodélicas y la búsqueda de la paz y el amor.

Las siguientes corrientes de pensamiento filosófico no solo influyeron en el mundo académico, sino que también tuvieron un impacto significativo en la cultura y la sociedad, forjando las percepciones y valores de la generación de los Baby Boomers durante su infancia y juventud.

1. **Filosofía Analítica.** Enfocada en la claridad y precisión del lenguaje, esta corriente aborda problemas filosóficos mediante el análisis lógico. Filósofos como Ludwig Wittgenstein y G.E. Moore jugaron roles cruciales en su desarrollo y predominio en el mundo anglófono.

2. **Marxismo.** Basado en las ideas de Karl Marx y Friedrich Engels, esta escuela se enfocó en la crítica del capitalismo y la lucha de clases. Intelectuales como Antonio Gramsci y Herbert Marcuse analizaron la hegemonía cultural y las estructuras de poder, influenciando movimientos sociales y político.

3. **Estructuralismo.** Analiza las estructuras subyacentes en la cultura y la sociedad, influenciado por la

lingüística, con representantes como Claude Lévi-Strauss, Roland Barthes.

4. **Humanismo Secular.** Movimiento filosófico que enfatiza la razón, la ética y la justicia social sin recurrir a la religión. Promovido por pensadores como Bertrand Russell y Carl Sagan, abogó por una visión del mundo basada en la ciencia y los derechos humanos.

5. **Pensamiento Postestructuralista.** Movimiento filosófico que cuestionó las nociones de autor, significado y verdad, y que influyó en diversas disciplinas como la literatura, la lingüística y la teoría cultural, con autores como Michel Foucault.

Los siguientes avances científicos y tecnológicos marcaron un antes y un después en la historia, transformando la vida cotidiana de los Baby Boomers y sentando las bases para las tecnologías que utilizamos hoy en día.

1. **Descubrimiento del ADN (1953).** James Watson y Francis Crick descubrieron la estructura de doble hélice del ADN, lo que revolucionó la biología molecular y la genética, proporcionando la base para la biotecnología moderna y la medicina genética.

2. **Píldora anticonceptiva (1953).** Los biólogos John Rock y Gregory Pincus se unen para desarrollar la píldora anticonceptiva.

3. Primera cirugía a corazón abierto (1954). El Dr. C. Walton Lillehei utilizó un oxigenador de burbujas, permitiendo cirugías cardíacas más largas y complejas.

4. Microchip (1958). Jack Kilby y Robert Noyce desarrollaron el primer circuito integrado, esencial para la miniaturización de la electrónica.

5. Primer láser (1960). Theodore Maiman construyó el primer láser operativo, que abrió nuevas fronteras en la comunicación, la medicina, la industria y la investigación científica.

6. Telescopio Espacial (1962). El lanzamiento del Telescopio Espacial Orbiting Astronomical Observatory por la NASA permitió a los científicos observar el universo sin las distorsiones causadas por la atmósfera terrestre, iniciando una nueva era en la astronomía.

7. Comunicación por Satélite (1962). El lanzamiento del Telstar, el primer satélite de comunicaciones, permitió la transmisión de televisión en vivo entre Europa y América, marcando el inicio de las comunicaciones globales en tiempo real.

Las siguientes empresas tuvieron un impacto significativo en sus respectivas industrias y dieron forma al entorno económico y cultural global durante la infancia y juventud de los Baby Boomers, contribuyendo a la evolución del comercio y la tecnología.

1. Dunkin' Donuts (EE. UU., 1950). Fundador: William Rosenberg. Cadena de cafeterías y donas que se ha expandido globalmente, conocida por sus donuts y café.

2. Texas Instruments (EE. UU., 1951). Fundadores: Cecil H. Green, J. Erik Jonsson, Eugene McDermott, Patrick E. Haggerty. Empresa pionera en la industria de semiconductores, conocida por sus calculadoras y avances en tecnología de semiconductores y electrónica.

3. Holiday Inn (EE. UU., 1952). Fundador: Kemmons Wilson. Cadena de hoteles que revolucionó la industria de la hospitalidad con su concepto de alojamiento cómodo y accesible para las familias, estandarizando servicios y calidad en todo el mundo.

4. Burger King (EE. UU., 1954). Fundadores: James McLamore y David Edgerton. Cadena de restaurantes de comida rápida famosa por su Whopper y su fuerte competencia con McDonald's.

5. Amway (EE. UU., 1959): Fundadores: Jay Van Andel y Richard DeVos. Es una empresa de venta directa que ofrece una amplia gama de productos para el hogar y el cuidado personal.

6. Domino's Pizza (EE. UU., 1960). Fundadores: Tom y James Monaghan. Cadena de pizzerías conocida por su rápido servicio de entrega y una amplia variedad de opciones de pizza.

7. Four Seasons Hotels and Resorts (Canadá, 1960). Fundador: Isadore Sharp. Cadena de hoteles de lujo

reconocida por su servicio excepcional y sus alojamientos de alta calidad alrededor del mundo.

8. Walmart (EE. UU., 1962). Fundador: Sam Walton. Cadena de supermercados y tiendas de descuento que se ha convertido en la mayor minorista del mundo, conocida por su amplia gama de productos y precios bajos.

9. Comcast (EE. UU., 1963). Fundadores: Ralph J. Roberts, Daniel Aaron, Julian A. Brodsky. Empresa líder en comunicaciones y entretenimiento, conocida por sus servicios de televisión por cable, internet y telefonía.

10. Nike, Inc. (EE. UU., 1964). Fundadores: Bill Bowerman y Phil Knight. Empresa de ropa y calzado deportivo que se ha convertido en una de las marcas más reconocidas globalmente, innovando en diseño y tecnología deportiva.

Las siguientes mujeres dejaron una huella permanente en sus respectivos campos e influenciaron profundamente en la cultura y la sociedad global, conformando la infancia y juventud de los Baby Boomers con sus contribuciones y legados duraderos.

1. Margaret Chase Smith (EE. UU., 1897). Primera mujer en servir en ambas cámaras del Congreso de EE. UU., fue una figura prominente durante el macartismo y la

Guerra Fría, famosa por su "Declaración de Conciencia" en 1950 contra el senador Joseph McCarthy.

2. Grace Hopper (EE. UU., 1906): Almirante de la Marina de los Estados Unidos y pionera en el campo de la informática, desarrolló el primer compilador de lenguaje de programación.

3. Rachel Carson (EE. UU., 1907): Bióloga marina y conservacionista, autora de "Primavera silenciosa", un libro que desencadenó un movimiento ambientalista global.

4. Dorothy Hodgkin (Egipto, 1910). Química británica, galardonada con el Premio Nobel de Química en 1964 por sus trabajos sobre la determinación de estructuras de sustancias bioquímicas importantes mediante rayos X, incluyendo la penicilina y la vitamina B12.

5. Madre Teresa (Macedonia, 1910). Fundadora de las Misioneras de la Caridad en Calcuta, India, en 1950, conocida por su labor humanitaria y su dedicación a ayudar a los pobres y enfermos, fue galardonada con el Premio Nobel de la Paz en 1979.

6. Rosa Parks (EE. UU., 1913). Activista por los derechos civiles, su negativa a ceder su asiento en un autobús segregado en 1955 desencadenó el Movimiento por los Derechos Civiles en Estados Unidos.

7. Betty Friedan (EE. UU., 1921). Escritora y activista feminista, su libro "La mística de la feminidad" (1963) fue un catalizador para la segunda ola del feminismo en EE.UU., cuestionando los roles tradicionales de género y abogando por la igualdad de derechos para las mujeres.

8. Audrey Hepburn (Bélgica, 1929). Actriz y embajadora de UNICEF, Hepburn era conocida por su elegancia y su compromiso con causas humanitarias.

9. Anne Frank (Alemania, 1929). Su diario, escrito durante la Segunda Guerra Mundial, es un testimonio conmovedor de la vida bajo la ocupación nazi y ha educado a generaciones sobre el Holocausto.

10. Jacqueline Kennedy Onassis (EE. UU., 1929). Primera dama de EE. UU. (1961-1963), conocida por su estilo y gracia, desempeñó un papel importante en la preservación de la historia y las artes, y fue una figura central durante y después del asesinato de John F. Kennedy.

La generación de los Baby Boomers, nacida aproximadamente entre 1950 y 1964, se caracteriza por haber crecido en un entorno de núcleo familiar sólido. Durante esta época, la familia nuclear era la estructura predominante, compuesta típicamente por padres y sus hijos. Los roles dentro de la familia estaban claramente definidos: el padre era el principal proveedor económico, mientras que la madre se ocupaba del hogar y del cuidado de los hijos. Esta dinámica familiar proporcionaba una base estable y segura, permitiendo a los Baby Boomers crecer en un ambiente de apoyo y consistencia. La solidez del núcleo familiar inculcaba valores de respeto, responsabilidad y cohesión, creando un entorno propicio para el desarrollo personal y social.

El macroentorno en el que crecieron los Baby Boomers fue uno de notable prosperidad económica. Después de la Segunda Guerra Mundial, las economías de Estados Unidos y Europa Occidental experimentaron un crecimiento sostenido. Este periodo, conocido como el "boom económico", se caracterizó por una expansión industrial sin precedentes, avances tecnológicos y un aumento significativo en el nivel de vida. Las familias disfrutaban de una mayor estabilidad financiera, acceso a nuevas comodidades y una mejora en la educación y la salud. Este ambiente de prosperidad alimentó el optimismo y la confianza en el futuro, permitiendo a los Baby Boomers aspirar a mayores logros y oportunidades.

A medida que los Baby Boomers crecieron, hubo un aumento significativo en el número de profesionistas. El acceso a la educación superior se amplió considerablemente durante esta época, gracias a políticas gubernamentales y programas de becas que facilitaban la entrada a las universidades. Como resultado, una mayor cantidad de personas obtuvieron títulos profesionales y se incorporaron a campos como la medicina, la ingeniería, la enseñanza y el derecho. Este incremento en la profesionalización de la fuerza laboral no solo elevó el nivel de vida, sino que también contribuyó al desarrollo y sofisticación de la sociedad en su conjunto, sentando las bases para una economía basada en el conocimiento y la innovación.

El crecimiento y desarrollo laboral femenino fue otro aspecto destacado durante la época de los Baby Boomers. En las décadas de 1950 y 1960, se produjo un cambio significativo en la participación de las mujeres en la fuerza laboral. Aunque muchas mujeres habían trabajado durante la Segunda Guerra Mundial, la posguerra vio un retorno a roles domésticos tradicionales. Sin embargo, con el tiempo, más mujeres comenzaron a ingresar al mercado laboral en una variedad de roles profesionales. El movimiento feminista de la década de 1960, conocido como la segunda ola del feminismo, abogó por la igualdad de derechos y oportunidades para las mujeres, impulsando cambios en las políticas laborales y en la percepción social del trabajo femenino.

Los valores de lealtad, compromiso y progreso fueron fundamentales para la generación de los Baby Boomers. La lealtad hacia la familia, la comunidad y el lugar de trabajo era un principio central. Los Baby Boomers eran conocidos por su dedicación y permanencia en sus empleos, reflejando un fuerte sentido de responsabilidad y ética laboral. El compromiso se manifestaba en su disposición a trabajar arduamente y a contribuir al bienestar de sus familias y sociedades. El progreso, tanto personal como profesional, era un ideal omnipresente, impulsado por el deseo de mejorar continuamente y alcanzar nuevas metas. Estos valores no solo definieron a los Baby Boomers como individuos, sino que también tuvieron un impacto duradero en la cultura y la sociedad en general, promoviendo un entorno de estabilidad, crecimiento y desarrollo.

La generación de los Baby Boomers es con frecuencia asociada con el término "Workaholic". Este término se popularizó durante su ascenso en el ámbito laboral, describiendo a individuos que dedican una cantidad excesiva de tiempo y energía a su trabajo, a menudo a expensas de su vida personal. Los Baby Boomers, criados en un ambiente de prosperidad económica y con una fuerte ética de trabajo inculcada por sus padres, veían el trabajo duro como un medio para lograr el éxito y la estabilidad. Este compromiso intenso con sus carreras llevó a muchos a convertirse en verdaderos adictos al trabajo, siempre buscando mejorar, avanzar y asegurar su posición en el mundo laboral.

En términos de gestión, los Baby Boomers fueron testigos y participantes de una transición significativa de la eficiencia a la efectividad. Durante sus primeros años laborales, la eficiencia —hacer las cosas bien y con rapidez— era la máxima prioridad. Sin embargo, con el tiempo, la efectividad —hacer las cosas correctas y con un enfoque en los resultados— comenzó a tomar mayor importancia. Este cambio se reflejó en las prácticas de gestión que priorizaban no solo la velocidad y la precisión, sino también la pertinencia y el impacto de las acciones y decisiones. La introducción de metodologías como el Management by Objectives (MBO) y más tarde el liderazgo situacional, promovió un enfoque más estratégico y orientado a los resultados.

En el ámbito de la calidad, los Baby Boomers vieron una evolución de centrarse en las especificaciones técnicas a enfocarse en la utilidad para el usuario. Inicialmente, la calidad se medía en términos de adherencia a las especificaciones y estándares técnicos. Sin embargo, a medida que el mercado se volvió más competitivo y orientado al consumidor, la percepción de calidad cambió. Los productos y servicios comenzaron a evaluarse no solo por su conformidad técnica, sino por cómo satisfacían las necesidades y expectativas de los usuarios finales. Esta transición impulsó un enfoque más centrado en el cliente, donde la experiencia del usuario y la satisfacción se convirtieron en indicadores clave de calidad.

La comunicación en el lugar de trabajo también experimentó una transformación significativa. Los Baby Boomers comenzaron sus carreras en una época donde las interacciones cara a cara eran la norma. Las reuniones en persona, las conversaciones directas y las interacciones físicas en el lugar de trabajo eran fundamentales. Sin embargo, con el tiempo, el teléfono se convirtió en una herramienta crucial de comunicación, permitiendo una mayor flexibilidad y conectividad. Este cambio facilitó la coordinación y colaboración entre equipos dispersos geográficamente y permitió una comunicación más rápida y eficiente, aunque también introdujo nuevos desafíos en términos de mantener la calidad de la interacción y el compromiso personal.

La determinación es uno de los aportes más destacados de los Baby Boomers en el ámbito laboral. Esta generación es conocida por su perseverancia y su capacidad para mantenerse enfocada en sus objetivos a largo plazo, a pesar de los obstáculos y desafíos. La determinación de los Baby Boomers se traduce en una fuerte ética de trabajo, una voluntad de superar dificultades y un compromiso inquebrantable con el logro de metas. Esta cualidad ha sido fundamental para el desarrollo y éxito de muchas organizaciones, impulsando avances significativos y estableciendo estándares elevados de desempeño y dedicación.

No obstante, uno de los mayores retos asociados con los Baby Boomers es su tendencia hacia la competitividad excesiva. La intensa competencia para alcanzar y mantener el éxito profesional a menudo resultó en un ambiente laboral altamente competitivo, a veces incluso hostil. Esta actitud competitiva, aunque efectiva en muchos casos para impulsar el rendimiento, también pudo generar estrés, conflictos y una cultura de trabajo menos colaborativa. La necesidad de sobresalir y avanzar constantemente creó presiones adicionales, tanto a nivel individual como organizacional, que a veces dificultaron el trabajo en equipo y la cooperación.

Para atraer a los Baby Boomers, es fundamental centrarse en tres aspectos clave: salario competitivo, plan de retiro atractivo y el uso de headhunters especializados.

Los Baby Boomers valoran la seguridad financiera y buscan empleadores que ofrezcan salarios competitivos que reflejen su experiencia y habilidades. Un salario adecuado no solo cubre las necesidades básicas, sino que también ofrece un reconocimiento tangible de su valor profesional. Además, los incentivos adicionales, como bonificaciones por desempeño, pueden ser un fuerte atractivo para este grupo.

Un plan de retiro sólido es esencial para atraer a los Baby Boomers. Muchos de ellos se acercan a la jubilación y valoran enormemente los beneficios que les permitan asegurar su futuro financiero. Ofrecer un plan de retiro que incluya aportaciones equivalentes por parte del empleador, opciones de inversión flexibles y asesoría financiera personalizada puede ser un factor decisivo para que elijan una empresa sobre otra.

Utilizar headhunters especializados puede ser una estrategia eficaz para captar a los Baby Boomers. Estos profesionales tienen la habilidad de identificar y atraer a candidatos con las cualidades y experiencia que buscan las empresas. Los headhunters pueden presentar oportunidades laborales de manera personalizada, destacando cómo la empresa puede satisfacer las necesidades y expectativas de los Baby Boomers.

Una vez atraídos, es crucial integrar a los Baby Boomers de manera efectiva en el equipo de trabajo. La integración debe enfocarse en la presencialidad, un ambiente cordial y el convivio constante.

Los Baby Boomers valoran las interacciones cara a cara y aprecian un entorno de trabajo donde puedan establecer relaciones personales directas. La presencialidad facilita la construcción de confianza y la creación de un sentido de pertenencia. Programas de orientación que incluyan reuniones presenciales, presentaciones formales y visitas a las instalaciones pueden ayudar a que se sientan bienvenidos y valorados.

Fomentar un ambiente de trabajo cordial es vital para la satisfacción y productividad de los Baby Boomers. Un entorno donde se sientan respetados y donde sus contribuciones sean reconocidas promoverá su compromiso y lealtad. Esto incluye políticas de comunicación abierta, apoyo mutuo y una cultura de reconocimiento y respeto.

La socialización y las actividades de equipo son importantes para los Baby Boomers. Organizar eventos sociales regulares, almuerzos de equipo y actividades recreativas puede fortalecer los lazos dentro del equipo y mejorar la cohesión y el trabajo en equipo.

El desarrollo continuo es esencial para mantener a los Baby Boomers comprometidos y productivos. Las áreas clave para su desarrollo son la tecnología, la mentoría y el balance laboral/personal.

Aunque los Baby Boomers pueden no haber crecido con la tecnología digital, muchos están dispuestos a aprender y adaptarse. Proveer capacitación en herramientas tecnológicas relevantes y ofrecer soporte continuo puede ayudarles a mantenerse actualizados y eficientes en sus roles. Esto no solo mejora su rendimiento, sino que también les permite sentirse competentes y valorados.

La mentoría es una herramienta poderosa para el desarrollo profesional. Los Baby Boomers poseen una vasta experiencia que puede ser invaluable para los colaboradores más jóvenes. Programas de mentoría que les permitan compartir sus conocimientos y experiencias pueden ser muy gratificantes. Además, también pueden beneficiarse de recibir mentoría en áreas donde buscan mejorar, como nuevas tecnologías o técnicas de gestión modernas.

Fomentar un balance saludable entre el trabajo y la vida personal es crucial para la satisfacción y bienestar de los Baby Boomers. Políticas de flexibilidad laboral, como horarios flexibles y opciones de trabajo remoto, pueden ayudar a lograr este equilibrio. Además, promover una cultura que valore el tiempo personal y el descanso contribuye a su bienestar general y reduce el riesgo de burnout.

Retener a los Baby Boomers requiere estrategias que refuercen su motivación y compromiso a largo plazo. Los bonos, el estatus y las oportunidades de promoción son fundamentales en este aspecto.

Los incentivos financieros, como bonos por desempeño y recompensas por logros específicos, son motivadores efectivos para los Baby Boomers. Estos incentivos reconocen su esfuerzo y contribuciones, y les proporcionan una recompensa tangible por su dedicación.

Reconocer y respetar la experiencia y conocimientos de los Baby Boomers es esencial para su retención. Otorgarles roles de liderazgo, consultoría, posiciones de influencia y elementos materiales de estatus corporativo puede satisfacer su deseo de ser valorados y apreciados. Este reconocimiento también les proporciona un sentido de propósito y pertenencia.

Ofrecer oportunidades claras de crecimiento y desarrollo profesional es vital para mantener a los Baby Boomers motivados. Planes de carrera bien definidos, capacitación continua y la posibilidad de ascender en la organización son factores que pueden mantener su interés y compromiso a largo plazo.

Actividades para conocer más a profundidad a los Baby Boomers:

1. Investiga el perfil de 5 hombres y 5 mujeres famosos de la generación de los Baby Boomers, globalmente reconocidos por sus contribuciones políticas, sociales, religiosas o empresariales, con el propósito de comprender el impacto de estos individuos en diversos campos y su relevancia histórica.

2. Escucha la música, lee los libros y ve las películas que marcaron a los Baby Boomers en su infancia y juventud,

de modo que conozcas la cultura y la visión del mundo que imperaba en su tiempo.

3. Conversa con una persona cercana de la generación de los Baby Boomers sobre su experiencia y trayectoria laboral y personal, con el objetivo de obtener una perspectiva directa sobre las vivencias y valores de esta generación.

4. Revisa y analiza anuncios de empleo publicados en su momento para atraer Baby Boomers, para entender cómo se comunicaban las oportunidades laborales de la época a través de los medios que prevalecían en ese tiempo.

5. Descubre los ídolos artísticos y deportivos más aclamados entre 1950 y 1964 y adéntrate en sus historias de vida, con el objetivo de entender las fórmulas de éxito que entusiasmaban a los Baby Boomers en su infancia y juventud.

6. Organiza un debate sobre la importancia de los valores personales y laborales promovidos por la generación de los Baby Boomers, con el propósito de reflexionar sobre cómo esos valores pueden aplicarse y adaptarse en el contexto actual y futuro del trabajo.

7. Investiga la historia de empresas fundadas entre 1950 y 1964 para comprender cómo reflejaron las características de los Baby Boomers y cuál ha sido su impacto en lo económico, social y ambiental.

SERIE CIMA
Smart Business
KNOWLEDGE

José Manuel Vega Báez

Generación X

SERIE CIMA
Smart Business
KNOWLEDGE

José Manuel Vega Báez

La Generación X, nacida aproximadamente entre 1965 y 1979, ha sido identificada con varios nombres: MTV Generation, Baby Busters o Latchkey Generation, cada uno reflejando diferentes aspectos de sus experiencias y características únicas. El término "Generación X" fue popularizado por el autor canadiense Douglas Coupland en su novela "Generation X: Tales for an Accelerated Culture" publicada en 1991. Este nombre captura la incertidumbre y el rechazo a los rótulos tradicionales que caracterizaban a esta generación. La "X" simboliza un signo de incógnita, reflejando la actitud de los miembros de esta generación hacia las normas y expectativas convencionales. Criados en una época de cambios rápidos y una creciente globalización, los "Gen Xers" desarrollaron una perspectiva más cínica y escéptica hacia las instituciones y las promesas de progreso ininterrumpido que habían definido a las generaciones anteriores.

"MTV Generation" se deriva de la influencia masiva que tuvo el canal de televisión MTV (Music Television) en la cultura pop durante los años 80 y 90. Lanzado en 1981, MTV revolucionó la industria musical y la manera en que los jóvenes consumían música y cultura visual. La programación de MTV, con sus videoclips innovadores y programas como "MTV Unplugged" y "Total Request Live", definió las tendencias culturales y musicales de la época. Los Gen Xers, que crecieron viendo MTV, adoptaron un enfoque más visual y ecléctico hacia el entretenimiento y la autoexpresión, siendo profundamente influenciados por la moda, la música y los mensajes que difundía el canal.

"Baby Busters" hace referencia al descenso en las tasas de natalidad que siguió al Baby Boom de la posguerra. A diferencia de los Baby Boomers, los miembros de la Generación X nacieron en un periodo de menor crecimiento poblacional, lo que llevó a que se les conociera como los "Baby Busters". Este término también refleja los desafíos económicos y sociales que enfrentaron, incluyendo una menor seguridad laboral y la disolución de estructuras familiares tradicionales, como el aumento en las tasas de divorcio. La relativa escasez de su cohorte también contribuyó a una percepción de ser una generación "olvidada" entre los numerosos Boomers y la posterior llegada de los Millennials.

"Latchkey Generation" se refiere a los niños que regresaban a un hogar vacío después de la escuela porque sus padres estaban trabajando. Durante los años 70, con el aumento de las tasas de divorcio y la incorporación masiva de las mujeres al mercado laboral, muchos niños de la Generación X crecieron con menos supervisión adulta directa. Estos "niños de la llave" (latchkey kids) llevaban consigo una llave de la casa y aprendieron a ser autosuficientes desde temprana edad. Este contexto fomentó una generación caracterizada por la independencia y la resiliencia, pero también por un cierto nivel de desconfianza y autoprotección.

La Generación X se identifica con el color verde por varias razones simbólicas y culturales. El verde es un color que representa crecimiento, renovación y equilibrio, cualidades que resonaron profundamente con esta generación. Criados en un periodo de cambios sociales y económicos, los miembros de la Generación X desarrollaron una fuerte conciencia ambiental y un deseo de preservar el planeta.

En la década de los 70s, cuando muchos Gen Xers estaban creciendo, surgieron movimientos ecológicos significativos. La primera celebración del Día de la Tierra en 1970 y la creación de la Agencia de Protección Ambiental en los Estados Unidos reflejan este cambio cultural. Además, la popularización del reciclaje y la preocupación por temas como la capa de ozono y la deforestación marcaron la infancia y juventud de esta generación.

El verde también simboliza la resiliencia y la capacidad de adaptación, características que definen a los Gen Xers. Crecieron siendo "niños de la llave", desarrollando independencia y habilidades para enfrentar un mundo en constante transformación. En resumen, el color verde encapsula tanto la conciencia ecológica como la adaptabilidad que caracterizan a la Generación X.

La Generación X se puede denominar la "Generación del Cassette" debido a la gran influencia que este formato tuvo en su vida cotidiana y en la cultura popular durante su juventud. El cassette, introducido en los años 60 y popularizado en la década de 1970, se convirtió en un símbolo de la independencia y la personalización del consumo musical para esta generación.

Los cassettes permitían a los usuarios grabar sus propias mixtapes, una práctica que se convirtió en un ritual personal y social. Crear una mixtape era una forma de autoexpresión y de compartir gustos musicales con amigos o seres queridos, encapsulando momentos y emociones en una compilación personalizada. Este formato portátil y accesible permitía a los jóvenes llevar su música a todas partes, desde el auto hasta el walkman, otra innovación clave de la época.

Además, el cassette jugó un papel crucial en la difusión de géneros musicales emergentes como el punk, el new wave y el hip-hop, que definieron la banda sonora de la Generación X. La capacidad de grabar y reproducir música de manera fácil y económica empoderó a esta generación para explorar y crear sus propios mundos sonoros, marcando una era de diversidad musical y cultural.

Durante la infancia y juventud de la Generación X, varios intérpretes musicales dominaron las listas de popularidad y definieron la banda sonora de sus vidas. Basándose en los registros de Billboard y otros recursos históricos, los intérpretes musicales más escuchados fueron: ABBA, AC/DC, Barbra Streisand, Billy Joel, Bruce Springsteen, Donna Summer, Elton John, Fleetwood Mac, Led Zeppelin, Pink Floyd, Queen, Rod Stewart, Stevie Wonder, The Bee Gees y The Eagles, entre otros.

Estos artistas no solo marcaron tendencias musicales, sino que también influyeron en la cultura y las actitudes de la época, acompañando a la Generación X en sus momentos más formativos.

Los siguientes líderes desempeñaron roles cruciales en la política global durante un periodo de significativos cambios sociales, económicos y políticos, marcando la infancia y juventud de la Generación X con sus decisiones y visiones para el mundo.

1. Golda Meir (Ucrania, 1898). Primera ministra de Israel y una de las primeras mujeres en liderar una nación moderna. Meir jugó un papel crucial durante la Guerra de Yom Kipur, y su liderazgo fue fundamental en la consolidación del Estado de Israel en sus primeras décadas, especialmente en un contexto de conflicto con los países árabes vecinos.

2. Ayatollah Khomeini (Irán, 1902). Líder de la Revolución Iraní que derrocó al Shah y estableció la República Islámica de Irán. Khomeini transformó el panorama geopolítico de la región al instaurar un régimen teocrático que ha tenido una influencia duradera en el Medio Oriente y más allá, especialmente en la dinámica de la política islámica y en la relación con Occidente.

3. Leonid Brezhnev (Rusia, 1906). Líder de la Unión Soviética, Brezhnev consolidó el poder soviético durante la Guerra Fría, supervisando un período de estancamiento económico pero también de expansión militar. Su intervención en Afganistán marcó un punto crítico en las relaciones internacionales y agravó las tensiones con Occidente.

4. Lyndon B. Johnson (EE. UU., 1908). Presidente de Estados Unidos tras el asesinato de John F. Kennedy. Johnson es conocido por su programa de la "Gran Sociedad", que promovió importantes reformas sociales y de derechos civiles. Sin embargo, su legado también está marcado por la intensificación de la participación estadounidense en la

Guerra de Vietnam, lo que generó una gran controversia y división en el país.

5. Richard Nixon (EE. UU., 1913). Presidente de Estados Unidos, Nixon es conocido por su política de détente, que buscó reducir las tensiones con la Unión Soviética y China, y por la apertura histórica de relaciones diplomáticas con China. Su presidencia terminó con su renuncia en medio del escándalo de Watergate, que dejó una marca indeleble en la política estadounidense.

6. Willy Brandt (Alemania, 1913). Canciller de Alemania Occidental, Brandt es recordado por su Ostpolitik, una política de acercamiento y reconciliación con Europa del Este, incluyendo la Unión Soviética y Alemania Oriental. Fue galardonado con el Premio Nobel de la Paz en 1971 por sus esfuerzos para mejorar las relaciones entre los bloques de la Guerra Fría.

7. Indira Gandhi (India, 1917). Primera ministra de India y una de las líderes más poderosas y controvertidas del país. Gandhi centralizó el poder en India y lideró el país durante la Guerra Indo-Pakistaní, que resultó en la creación de Bangladesh. Su mandato también estuvo marcado por la imposición del estado de emergencia, lo que generó críticas por autoritarismo.

8. Anwar Sadat (Egipto, 1918). Presidente de Egipto, Sadat lideró el país durante la Guerra de Yom Kipur y luego sorprendió al mundo al firmar los Acuerdos de Camp David con Israel, lo que le valió el Premio Nobel de la Paz. Su decisión de hacer las paces con Israel fue un momento

histórico en el Medio Oriente, aunque le costó la vida, ya que fue asesinado.
9. Henry Kissinger (Alemania, 1923). Secretario de Estado de EE. UU. y asesor de seguridad nacional, Kissinger fue una figura influyente en la política exterior estadounidense. Promovió la détente con la Unión Soviética, la apertura de relaciones diplomáticas con China y la negociación del fin de la Guerra de Vietnam, por lo que recibió el Premio Nobel de la Paz en 1973.
10. Jimmy Carter (EE. UU., 1924). Presidente de Estados Unidos, Carter es conocido por su enfoque en los derechos humanos en la política exterior y por mediar en los Acuerdos de Camp David entre Egipto e Israel, que llevaron a un tratado de paz histórico. Después de su presidencia, Carter ha sido reconocido por su trabajo humanitario y sus esfuerzos en la promoción de la paz y los derechos humanos en todo el mundo, por lo que recibió el Premio Nobel de la Paz en 2002.

Los siguientes eventos moldearon la política y la cultura global, influyendo profundamente en la Generación X, dejando una huella duradera en su visión del mundo y sus experiencias formativas.
1. Asesinato de Malcolm X (1965). Líder afroamericano y defensor de los derechos humanos,

Malcolm X fue asesinado en Nueva York. Su muerte dejó un profundo impacto en el movimiento por los derechos civiles en Estados Unidos.

2. Asesinato de Martin Luther King Jr. (1968). Líder del movimiento por los derechos civiles en Estados Unidos, Martin Luther King Jr. fue asesinado en Memphis, Tennessee. Su muerte provocó una oleada de protestas y violencia, y dejó una marca indeleble en la lucha por la igualdad racial en Estados Unidos.

3. Protestas de Mayo del 68 en Francia (1968). Un movimiento de protestas estudiantiles y laborales que llevó a una crisis social y política en Francia. Estas protestas influyeron en cambios sociales y en la cultura juvenil a nivel mundial.

4. Invasión de Camboya por EE. UU. (1970). La decisión de expandir la guerra de Vietnam a Camboya provocó una gran controversia y desencadenó protestas masivas en Estados Unidos, incluyendo la trágica masacre de Kent State.

5. Escándalo de Watergate (1972-1974). Escándalo político en Estados Unidos que llevó a la renuncia del presidente Richard Nixon, tras la revelación de actividades ilegales realizadas por su administración.

6. Guerra de Yom Kipur (1973). Conflicto entre Israel y una coalición de estados árabes liderada por Egipto y Siria. La guerra tuvo repercusiones significativas en la política de Oriente Medio y en las relaciones internacionales.

7. Crisis del Petróleo (1973). Un embargo petrolero impuesto por la OPEP en respuesta al apoyo occidental a

Israel durante la Guerra de Yom Kipur, que causó una grave crisis económica mundial y destacó la dependencia de los países occidentales del petróleo extranjero.

8. Caída de Saigón (1975). Marcó el fin de la Guerra de Vietnam con la captura de Saigón por las fuerzas comunistas de Vietnam del Norte, lo que llevó a la unificación de Vietnam bajo el régimen comunista.

9. Revolución Islámica en Irán (1978). Movimiento que derrocó al Shah de Irán, Mohammad Reza Pahlavi, e instauró una república islámica bajo el liderazgo del Ayatolá Jomeini. Esta revolución tuvo un profundo impacto en la política de Oriente Medio y las relaciones internacionales.

10. Invasión soviética a Afganistán (1979): La Unión Soviética interviene militarmente en Afganistán, desencadenando una larga guerra que debilita a la URSS y contribuye a su eventual disolución.

Las siguientes corrientes culturales definieron la época, teniendo un impacto duradero en las generaciones siguientes, forjando las actitudes y valores de la Generación X durante su infancia y juventud.

1. Revolución Sexual. Movimiento que desafió las normas tradicionales sobre la sexualidad, promoviendo la libertad sexual, el uso de anticonceptivos, y la igualdad de género. La publicación de "La mística de la feminidad" de

Betty Friedan y la creación de organizaciones feministas marcaron este periodo de cambio social.

2. Ecologismo. Movimiento enfocado en la conservación del medio ambiente y la sostenibilidad. La publicación de "Primavera silenciosa" de Rachel Carson y la celebración del primer Día de la Tierra en 1970 marcaron el inicio de un creciente movimiento global preocupado por la protección del planeta.

3. Cine Nuevo Hollywood. Una era en el cine estadounidense caracterizada por una nueva generación de directores que desafiaron las convenciones del sistema de estudios. Cineastas como Martin Scorsese y Francis Ford Coppola innovaron con nuevas técnicas narrativas y temáticas más oscuras y complejas.

4. Arte Conceptual. Una corriente artística que priorizaba la idea sobre la obra de arte en sí misma, utilizando diversos medios como la fotografía, el video y la performance, con exponentes como Joseph Kosuth y Bruce Nauman.

5. Festival de Woodstock. Evento musical y cultural emblemático que reunió a cientos de miles de personas en Nueva York, simbolizando el apogeo del movimiento contracultural de los 60s.

6. Movimientos de Liberación Gay. El movimiento por los derechos de la comunidad LGBTQ+ ganó impulso, especialmente después de los disturbios de Stonewall en 1969. La lucha por la igualdad de derechos y la aceptación social se volvió más visible y organizada durante esta época.

7. Desarrollo de la Informática y la Cultura Digital. La evolución de la tecnología informática comenzó a transformar la sociedad. La creación de microprocesadores y la popularización de las computadoras personales, junto con los videojuegos y el software, iniciaron una revolución digital que afectaría todos los aspectos de la vida moderna.

Las siguientes corrientes de pensamiento filosófico influyeron en la academia y la teoría, pero también tuvieron un impacto significativo en la cultura y la sociedad, conformando las perspectivas y valores de la Generación X durante su formación.

1. Ecología Profunda. Esta corriente filosófica, inspirada en el trabajo de Arne Naess, proponía una profunda conexión entre los seres humanos y la naturaleza, y defendía la idea de que todos los seres vivos tienen un valor intrínseco.

2. Feminismo. Este movimiento filosófico y social lucha por la igualdad de género y los derechos de las mujeres, cuestionando las estructuras patriarcales. Simone de Beauvoir y Betty Friedan son algunas de sus representantes más destacadas.

3. Hermenéutica. Estudio de la interpretación de textos, especialmente en la filosofía y la teología. Filósofos como Hans-Georg Gadamer, con su obra "Verdad y

método", exploraron cómo comprendemos y damos sentido al mundo a través de la interpretación histórica y lingüística.
4. Filosofía de la Liberación. Desarrollada en América Latina, esta corriente filosófica buscaba una liberación integral de la opresión, combinando elementos del marxismo, la teología de la liberación y las tradiciones indígenas.
5. Pragmatismo. Corriente filosófica que sostiene que el valor de una idea o proposición radica en sus efectos prácticos y aplicaciones. Filósofos como Richard Rorty revivieron el pragmatismo durante este periodo, enfatizando la importancia de la acción y los resultados sobre la teoría abstracta.

Los siguientes avances científicos y tecnológicos transformaron la vida cotidiana y el conocimiento científico, influyendo profundamente en la infancia y juventud de la Generación X.
1. Primer trasplante de corazón humano (1967). Realizado por el Dr. Christiaan Barnard en Sudáfrica, este fue el primer trasplante de corazón humano exitoso. Marcó un hito en la medicina y abrió nuevas posibilidades para los tratamientos de enfermedades cardíacas.
2. Llegada del hombre a la Luna (1969). La misión Apollo 11 de la NASA llevó a los astronautas Neil Armstrong

y Buzz Aldrin a la Luna, marcando un hito histórico en la exploración espacial.

3. ARPANET: Precursor de Internet (1969). La Agencia de Proyectos de Investigación Avanzados de Defensa (ARPA) en Estados Unidos lanzó ARPANET, la primera red de computadoras basada en el protocolo de transferencia de paquetes. Este avance sentó las bases para el desarrollo de Internet.

4. Desarrollo del Microprocesador (1971). Intel lanzó el primer microprocesador, el Intel 4004, que revolucionó la informática al permitir la creación de computadoras personales y otros dispositivos electrónicos compactos y potentes.

5. Invención del Teléfono Móvil (1973). Martin Cooper de Motorola realizó la primera llamada telefónica móvil, iniciando una revolución en las comunicaciones personales y sentando las bases para la era de la telefonía móvil.

6. Desarrollo del código de barras (1974). El código de barras universal se implementó por primera vez en un supermercado, revolucionando los sistemas de inventario y mejorando la eficiencia en los puntos de venta.

7. Computadora personal (1975). Se lanzó el Altair 8800, considerada la primera computadora personal, accesible para el público general.

Las siguientes empresas han tenido un impacto significativo en sus respectivas industrias, delineando el entorno económico y cultural global durante la infancia y juventud de la Generación X, contribuyendo a la evolución del comercio, la tecnología y el entretenimiento.

1. Southwest Airlines (EE. UU., 1967). Fundadores: Herb Kelleher y Rollin King. Aerolínea de bajo costo conocida por su enfoque en la eficiencia operativa y el servicio al cliente, que transformó la industria aérea con tarifas accesibles y vuelos frecuentes.

2. Intel (EE. UU., 1968). Fundadores: Robert Noyce y Gordon Moore. Empresa líder en tecnología de semiconductores y microprocesadores, conocida por el desarrollo del primer microprocesador, que revolucionó la informática moderna y facilitó la creación de computadoras personales.

3. FedEx (EE. UU., 1971). Fundador: Frederick W. Smith. Empresa de servicios de mensajería y logística que revolucionó el transporte de paquetes con su sistema de entrega durante la noche y rastreo en tiempo real, cambiando la dinámica del comercio y la logística global.

4. Starbucks (EE. UU., 1971). Fundadores: Jerry Baldwin, Zev Siegl y Gordon Bowker. Abrieron la primera tienda de Starbucks en Seattle, popularizando el café de especialidad y creando una experiencia única para los amantes del café.

5. Atari (EE. UU., 1972). Fundadores: Nolan Bushnell y Ted Dabney. Empresa pionera en la industria de los

videojuegos, conocida por productos icónicos como Pong y la consola Atari 2600, que popularizaron los videojuegos como una forma de entretenimiento masivo.

6. Microsoft (EE. UU., 1975). Fundadores: Bill Gates y Paul Allen. Empresa de tecnología y software, conocida por el desarrollo del sistema operativo Windows, que se convirtió en el estándar mundial para computadoras personales y ha sido un actor clave en la revolución informática.

7. Apple Inc. (EE. UU., 1976). Fundadores: Steve Jobs, Steve Wozniak y Ronald Wayne. Empresa de tecnología y electrónica de consumo, conocida por sus innovadores productos como el Macintosh, el iPod, el iPhone y el iPad, que han transformado la informática, la música y las telecomunicaciones.

8. Genentech (EE. UU., 1976). Fundadores: Robert A. Swanson y Herbert Boyer. Empresa pionera en biotecnología, conocida por sus avances en la ingeniería genética y el desarrollo de productos farmacéuticos innovadores que han revolucionado el tratamiento de diversas enfermedades.

9. Oracle (EE. UU., 1977). Fundadores: Larry Ellison, Bob Miner y Ed Oates. Empresa de tecnología especializada en bases de datos y software empresarial, que ha sido un pilar en el manejo de grandes volúmenes de datos y la infraestructura de TI en empresas globales.

10. Home Depot (EE. UU., 1978). Fundadores: Bernard Marcus, Arthur Blank, Ron Brill y Pat Farrah. Cadena de tiendas de mejoras para el hogar que ha transformado el

mercado de la construcción y el bricolaje, ofreciendo una amplia gama de productos y servicios a consumidores y profesionales.

Las siguientes mujeres desempeñaron roles cruciales en la política, la cultura, el activismo y los derechos humanos durante un periodo de significativos cambios sociales, influyendo profundamente en la infancia y juventud de la Generación X.

1. Shirley Chisholm (EE. UU., 1924). Primera mujer afroamericana en ser elegida al Congreso de EE. UU. en 1968. Chisholm fue una defensora incansable de los derechos de las mujeres y las minorías, y en 1972 se convirtió en la primera mujer negra en postularse para la presidencia de EE.UU.

2. Barbara Walters (EE. UU., 1929) - Periodista y presentadora de noticias, pionera en la televisión estadounidense conocida por su capacidad para entrevistar y su popularidad entre los espectadores.

3. Gloria Steinem (EE. UU., 1934). Periodista y activista feminista, cofundadora de la revista "Ms." en 1972, Steinem se convirtió en una de las figuras más visibles y vocales del movimiento feminista en EE.UU., abogando por los derechos de las mujeres y la igualdad de género.

4. Jane Fonda (EE. UU., 1937). Actriz y activista, conocida tanto por su carrera cinematográfica como por su activismo político durante los años 60 y 70, incluyendo su oposición a la guerra de Vietnam y su defensa de los derechos civiles y las causas feministas.

5. Valentina Tereshkova (Rusia, 1937). Primera mujer en viajar al espacio, símbolo de la igualdad de género en la exploración espacial.

6. Germaine Greer (Australia, 1939). Escritora y académica, su libro "The Female Eunuch" (1970) fue influyente en el movimiento feminista, desafiando las percepciones convencionales sobre la sexualidad y la liberación de la mujer.

7. Wangari Maathai (Kenia, 1940). Activista medioambiental y política, fundadora del Movimiento Cinturón Verde, galardonada con el Premio Nobel de la Paz.

8. Helen Reddy (Australia, 1941). Cantante y compositora, su canción "I Am Woman" se convirtió en un himno del movimiento feminista.

9. Billie Jean King (EE. UU., 1943). Tenista profesional, defensora de la igualdad de género en el deporte y los derechos de las mujeres.

10. Angela Davis (EE. UU., 1944). Activista política, académica y autora, conocida por su trabajo en los derechos civiles, el feminismo y el sistema penitenciario de Estados Unidos. Su arresto y juicio en 1970 atrajeron la atención internacional, convirtiéndola en un símbolo de resistencia y lucha por la justicia.

La Generación X, nacida aproximadamente entre 1965 y 1979, creció en un contexto donde el núcleo familiar tradicional comenzó a mostrar signos de debilitamiento. A diferencia de las generaciones anteriores, como los Baby Boomers que vivieron en hogares más estables, los Gen Xers fueron testigos de un aumento significativo en las tasas de divorcio y la disolución de la familia nuclear. Muchos crecieron en hogares monoparentales o en situaciones donde ambos padres trabajaban, lo que los llevó a desarrollar una mayor independencia desde temprana edad. Estos "niños de la llave" (latchkey kids) a menudo volvían a casa después de la escuela a hogares vacíos, lo que fortaleció su capacidad para cuidarse a sí mismos y tomar decisiones de manera autónoma.

A pesar de los desafíos familiares, la Generación X creció en un macroentorno de relativa estabilidad. Durante su infancia y juventud, el mundo experimentó menos conflictos bélicos globales comparado con las generaciones anteriores. La Guerra Fría, aunque una amenaza constante, no se tradujo en una guerra directa entre las superpotencias. Al mismo tiempo, las economías de muchos países, especialmente en Occidente, fueron relativamente estables, proporcionando oportunidades de empleo y crecimiento económico. Esta estabilidad permitió a la Generación X centrarse en el desarrollo personal y profesional, aunque también los hizo conscientes de las fragilidades del mundo, lo que alimentó su escepticismo y enfoque pragmático en la vida.

Una de las características distintivas de la Generación X es su alto nivel de profesionalización. Durante su juventud, hubo un acceso mucho mayor a la educación superior, y obtener un título universitario se convirtió en una norma. Sin embargo, a medida que más personas ingresaban a la fuerza laboral con títulos de licenciatura, las maestrías y otros estudios de posgrado comenzaron a ganar importancia como un diferenciador competitivo. Esto llevó a un aumento en la búsqueda de estudios avanzados, con la maestría vista como un plus que podía abrir puertas a mejores oportunidades laborales y a ascensos dentro de las organizaciones. La educación continua y la formación profesional se convirtieron en pilares fundamentales en la carrera de muchos Gen Xers.

La participación femenina en el mercado laboral alcanzó niveles sin precedentes. Influenciadas por las luchas del movimiento feminista de la década de 1960, más mujeres comenzaron a trabajar fuera del hogar, no solo en empleos temporales, sino en carreras a largo plazo. Esto cambió la dinámica familiar y laboral, y las mujeres se convirtieron en una fuerza crucial en la economía. La presencia de mujeres en roles profesionales y de liderazgo también sirvió de modelo para las generaciones más jóvenes, que crecieron viendo cómo sus madres y otras figuras femeninas asumían roles significativos en el ámbito laboral.

Los valores de la Generación X reflejan las condiciones en las que crecieron. La independencia es quizás su valor más distintivo, cultivada desde una edad temprana debido a la necesidad de manejar responsabilidades por sí mismos. La adaptabilidad es otro valor clave, dado que los Gen Xers han navegado por múltiples crisis económicas y cambios tecnológicos rápidos, lo que les ha enseñado a ser flexibles y a ajustarse a nuevas realidades. Finalmente, el balance es un valor que ha cobrado importancia en sus vidas, especialmente en su enfoque hacia el trabajo y la vida personal. Habiendo observado el agotamiento de la generación anterior, muchos Gen Xers priorizan un equilibrio entre su carrera y su vida fuera del trabajo, valorando tanto el éxito profesional como la satisfacción personal.

La Generación X ha sido pionera en la adopción y popularización del "Home Office" o trabajo desde casa. A medida que las tecnologías de la información y la comunicación se desarrollaron, los Gen Xers se encontraron en la vanguardia de un cambio en el paradigma laboral que permitió a muchos trabajar desde sus hogares. Este cambio fue impulsado por el deseo de flexibilidad y un mejor equilibrio entre la vida laboral y personal. Para la Generación X, el Home Office no es solo una conveniencia;

es una manifestación de su necesidad de independencia y control sobre su entorno de trabajo. El Home Office les permitió mantener su productividad sin sacrificar el tiempo que podrían dedicar a la familia o al desarrollo personal, estableciendo un nuevo estándar en las expectativas laborales que han influido en las generaciones posteriores.

En términos de gestión, la Generación X ha sido testigo de una transición significativa, pasando de un enfoque en la efectividad hacia una gestión que también considera la identidad individual y la cultura organizacional. Inicialmente se encontraron con que la efectividad era el principal criterio para evaluar el éxito en el lugar de trabajo. Sin embargo, a medida que los Gen Xers ascendieron a roles de liderazgo, comenzaron a valorar no solo los resultados, sino también cómo se alinean estos con los valores personales y la identidad de la empresa. Este enfoque en la identidad ha llevado a una mayor atención a la cultura organizacional, donde se busca que los colaboradores se sientan valorados no solo por su contribución al trabajo, sino también por quiénes son como individuos. Esto ha fomentado entornos laborales donde la autenticidad y la congruencia con los valores personales se valoran tanto como la efectividad.

La visión de la calidad en el trabajo también ha evolucionado entre los miembros de la Generación X, pasando de una preocupación centrada en la utilidad para el usuario a una que prioriza la satisfacción del usuario. En las primeras etapas de su carrera, la calidad se medía principalmente en términos de funcionalidad: un producto o servicio era considerado de calidad si cumplía con su propósito básico de manera efectiva. Sin embargo, a medida que la Generación X se adaptó a un mercado cada vez más competitivo y orientado al cliente, comenzó a valorar más la opinión de los usuarios. Esto significó que la satisfacción del usuario, que incluye aspectos como la facilidad de uso, el impacto emocional, y el soporte postventa, se convirtiera en el nuevo estándar de calidad. Esta transición ha sido fundamental en la forma en que las empresas diseñan y entregan sus productos y servicios.

En cuanto a la comunicación, la Generación X ha vivido una transformación notable, pasando del uso predominante del teléfono tradicional al correo electrónico como principal medio de comunicación profesional. Durante las primeras etapas de sus carreras, el teléfono era la herramienta primaria para la comunicación rápida y directa. Sin embargo, con el advenimiento de la tecnología digital y el auge de Internet, el correo electrónico se convirtió en el canal preferido. Esta transición reflejó no solo el cambio tecnológico, sino también una adaptación a un entorno de trabajo que requería documentación, seguimiento y la capacidad de comunicar de manera asincrónica con colegas en diferentes ubicaciones y zonas horarias. El correo electrónico proporcionó una mayor flexibilidad y control sobre las comunicaciones, aunque también trajo nuevos desafíos, como el manejo del volumen de mensajes y la necesidad de claridad en la comunicación escrita.

La Generación X se destaca por su originalidad en el entorno laboral. Criados en una época de cambios rápidos y desafíos diversos, los Gen Xers desarrollaron un enfoque innovador para resolver problemas y generar ideas. Su capacidad para pensar fuera de los márgenes tradicionales y proponer soluciones creativas ha sido un aporte significativo en sus carreras y en la evolución de las industrias en las que han trabajado. Esta originalidad no solo se ha manifestado en productos y servicios nuevos, sino también en la forma en que abordan la gestión, el trabajo en equipo, y la adaptación al cambio.

Uno de los mayores desafíos que enfrenta la Generación X en el ámbito laboral es la cohesión. Al ser una generación que valora la independencia y el trabajo autónomo, los Gen Xers a veces pueden encontrar difícil la tarea de crear un sentido de cohesión dentro de equipos diversos. Aunque son eficaces en la gestión de tareas individuales y en la toma de decisiones, la construcción de un espíritu de equipo fuerte y unificado puede ser un reto. Esto se ve acentuado en entornos de trabajo remotos o dispersos geográficamente, donde la conexión entre los miembros del equipo puede no ser tan inmediata o natural.

La Generación X valora profundamente la flexibilidad laboral, el aprendizaje continuo y las prestaciones adecuadas. Para atraer a estos profesionales, es esencial que las empresas ofrezcan un entorno que se adapte a sus necesidades y valores.

La flexibilidad es una de las principales prioridades para la Generación X. Muchos de ellos han alcanzado un punto en sus vidas donde equilibrar las responsabilidades laborales con las familiares y personales es crucial. Ofrecer opciones de trabajo flexible, como el home office o horarios flexibles, es un atractivo poderoso. Esta flexibilidad permite a los colaboradores ajustar su trabajo en función de sus necesidades personales, lo que no solo mejora la satisfacción laboral, sino que también aumenta la productividad y el compromiso. Además, la posibilidad de trabajar desde cualquier lugar se ha vuelto aún más relevante en un mundo postpandemia, donde la tecnología permite una mayor movilidad laboral.

La Generación X tiene un fuerte deseo de aprender y desarrollarse continuamente. Para atraerlos, las empresas deben ofrecer oportunidades claras de desarrollo profesional. Esto puede incluir programas de capacitación, acceso a cursos en línea, talleres y seminarios que les permitan adquirir nuevas habilidades y mantenerse actualizados en sus campos. Este enfoque en el aprendizaje no solo beneficia a los colaboradores, sino que también fortalece la empresa al fomentar una fuerza laboral más competente y adaptable. La inversión en el desarrollo personal es vista por los Gen Xers como una muestra de que la empresa valora su crecimiento profesional a largo plazo.

Las prestaciones laborales son un factor clave para atraer a la Generación X. Más allá del salario competitivo, esta generación valora beneficios como planes de retiro sólidos, seguro de salud, y políticas de tiempo libre pagado que les permitan cuidar de sus familias y su bienestar personal. Ofrecer un paquete de prestaciones que incluya estos aspectos demuestra que la empresa está comprometida con el bienestar integral de sus colaboradores, lo cual es un fuerte motivador para los Gen Xers al considerar una oferta de trabajo.

Una vez que la Generación X se une a una organización, es crucial integrarlos eficazmente en el equipo y en la cultura de la empresa. La creación de un ambiente de trabajo cordial es fundamental para la Generación X. Esta generación aprecia un entorno donde las relaciones laborales son respetuosas y colaborativas. Fomentar un ambiente donde los colaboradores se sientan valorados y donde prevalezca la amabilidad puede ayudar a los Gen Xers a integrarse más rápidamente y a sentirse parte del equipo. La cordialidad en el lugar de trabajo también facilita la comunicación abierta y el intercambio de ideas, lo que es esencial para la innovación y la resolución de problemas.

Organizar eventos regulares, tanto sociales como profesionales, es una excelente manera de integrar a los Gen Xers en la cultura corporativa. Estos eventos pueden incluir reuniones informales, almuerzos de equipo, o actividades recreativas fuera del entorno laboral. Los eventos ofrecen una oportunidad para que los colaboradores se conozcan mejor en un contexto más relajado, lo que puede fortalecer los lazos dentro del equipo y mejorar la cohesión general.

Involucrar a los Gen Xers en proyectos significativos desde el principio es otra estrategia eficaz de integración. Al asignarles responsabilidades en proyectos importantes, las empresas no solo demuestran confianza en sus habilidades, sino que también les permiten mostrar su valor y contribuir al éxito de la empresa desde el primer día. La participación en proyectos clave puede aumentar su sentido de pertenencia y compromiso con la organización.

El desarrollo profesional continuo es vital para mantener a la Generación X motivada y comprometida. Aunque la Generación X no creció con la tecnología digital desde el principio, han demostrado ser altamente adaptables a las innovaciones tecnológicas. Para desarrollarlos, es importante proporcionarles acceso a las últimas herramientas tecnológicas y capacitación para utilizarlas eficazmente. Esto no solo mejora su eficiencia, sino que también les permite mantenerse competitivos en un mercado laboral en constante evolución. Invertir en tecnología también envía un mensaje de que la empresa está comprometida con el progreso y la innovación.

El trabajo en equipo es un área clave para el desarrollo de los Gen Xers. Aunque valoran su independencia, también reconocen la importancia de la colaboración para alcanzar objetivos más grandes. Fomentar un ambiente donde se priorice el trabajo en equipo, con proyectos interdepartamentales y colaboración entre diferentes niveles jerárquicos, puede ayudar a los Gen Xers a desarrollar habilidades de liderazgo y a fortalecer su capacidad para trabajar con otros hacia metas comunes.

La Generación X es pragmática y orientada a los resultados, pero también valora la estabilidad y la planificación a largo plazo. Desarrollar su carrera significa ofrecerles un camino claro hacia el avance profesional y mostrarles cómo sus contribuciones actuales pueden llevar a oportunidades futuras. Este enfoque en el largo plazo puede incluir mentoría, planificación de sucesión, y oportunidades para asumir roles más estratégicos dentro de la organización.

Retener a la Generación X requiere una combinación de autonomía, metas claras y recompensas tangibles.

La autonomía es crucial para la retención de los Gen Xers. Esta generación valora la capacidad de tomar decisiones y gestionar su trabajo sin micro gestión. Ofrecer autonomía no solo aumenta su satisfacción laboral, sino que también les permite aplicar su experiencia y juicio de manera efectiva. Las empresas que confían en sus colaboradores para llevar a cabo sus responsabilidades de manera independiente son más propensas a retener a los Gen Xers.

Establecer objetivos claros y alcanzables es fundamental para mantener a la Generación X motivada. Los Gen Xers prosperan cuando saben exactamente qué se espera de ellos y cómo sus esfuerzos contribuyen al éxito general de la empresa. Definir objetivos a corto y largo plazo y proporcionar retroalimentación regular sobre el progreso hacia esos objetivos puede mantenerlos enfocados y comprometidos.

Finalmente, los incentivos son una herramienta poderosa para retener a los Gen Xers. Estos pueden incluir bonificaciones por desempeño, reconocimiento público, oportunidades de promoción y beneficios adicionales. Reconocer y recompensar sus logros no solo refuerza su lealtad, sino que también motiva a continuar aportando su mejor esfuerzo.

Actividades para conocer más a profundidad a los Gen Xers:

1. Investiga el perfil de 5 hombres y 5 mujeres famosos de la Generación X, globalmente reconocidos por sus contribuciones políticas, sociales, religiosas o empresariales, con el propósito de comprender el impacto de estos individuos en diversos campos y su relevancia histórica.

2. Escucha la música, lee los libros y ve las películas que marcaron a la Generación X en su infancia y juventud, de modo que conozcas la cultura y la visión del mundo que imperaba en su tiempo.

3. Conversa con una persona cercana de la Generación X sobre su experiencia y trayectoria laboral y personal, con el objetivo de obtener una perspectiva directa sobre las vivencias y valores de esta generación.

4. Revisa y analiza anuncios de empleo publicados en su momento para atraer Gen Xers, para entender cómo se comunicaban las oportunidades laborales de la época a través de los medios que prevalecían en ese tiempo.

5. Descubre los ídolos artísticos y deportivos más aclamados entre 1965 y 1979 y adéntrate en sus historias de vida, con el objetivo de entender las fórmulas de éxito que entusiasmaban a los Gen Xers en su infancia y juventud.

6. Organiza un debate sobre la importancia de los valores personales y laborales promovidos por la Generación X, con el propósito de reflexionar sobre cómo esos valores pueden aplicarse y adaptarse en el contexto actual y futuro del trabajo.

7. Investiga la historia de empresas fundadas entre 1965 y 1979 para comprender cómo reflejaron las características de los Gen Xers y cuál ha sido su impacto en lo económico, social y ambiental.

Millennials

SERIE CIMA
Smart Business
KNOWLEDGE

La generación conocida como los Millennials, también referida como Generación Y o Echo Boomers, es una cohorte demográfica nacida aproximadamente entre 1980 y 1994. Estos nombres reflejan diferentes aspectos de su experiencia y características generacionales. "Millennials" es el término más comúnmente utilizado para describir a esta generación. Fue acuñado por los autores William Strauss y Neil Howe en su libro "Millennials Rising: The Next Great Generation" publicado en el año 2000. El nombre se deriva de su llegada a la adultez alrededor del nuevo milenio. Este término captura la conexión de esta generación con la tecnología digital y su rol como la primera generación en alcanzar la mayoría de edad en el siglo XXI, un periodo marcado por rápidos avances tecnológicos, globalización y cambios sociales significativos.

Antes de que el término Millennials se volviera dominante, esta generación era comúnmente conocida como la "Generación Y". El nombre surgió de la necesidad de identificar a la generación que seguía a la Generación X. La "Y" en el nombre indica su posición secuencial, pero también sugiere una continuación y evolución de las tendencias y valores que surgieron con la Generación X. A medida que crecían, los miembros de la Generación Y se distinguieron por sus actitudes progresistas hacia la diversidad, la igualdad de género, y por ser la primera generación en adaptarse completamente a un mundo digitalizado.

Otro término utilizado para describir a los Millennials es "Echo Boomers". Este nombre se refiere al hecho de que muchos miembros de esta generación son hijos de los Baby Boomers, la generación nacida después de la Segunda Guerra Mundial. El término "echo" implica que los Millennials son una especie de "eco" del boom demográfico de sus padres. En este sentido, los Echo Boomers representan un resurgimiento del crecimiento poblacional y un reflejo de algunos de los valores y actitudes de los Baby Boomers, aunque adaptados a un contexto moderno y tecnológicamente avanzado.

La generación Millennial se identifica con el color naranja debido a las asociaciones simbólicas que este color tiene con las características y valores de la generación. El naranja es un color vibrante y energético, que representa la creatividad, la juventud y la innovación, cualidades que definen a los Millennials. Esta generación, que ha crecido en un mundo de rápidos cambios tecnológicos y sociales, se distingue por su adaptabilidad y su capacidad para pensar de manera original y disruptiva.

Además, el color naranja está relacionado con la sociabilidad y la comunicación, aspectos clave en una generación que ha sido pionera en el uso de redes sociales y plataformas digitales para conectarse y expresar sus ideas. El naranja también evoca optimismo y entusiasmo, reflejando el espíritu emprendedor y la mentalidad de "sí se puede" que caracteriza a muchos Millennials. Así, el naranja se convierte en un símbolo de la energía dinámica y el enfoque positivo que los Millennials aportan al mundo moderno.

La generación Millennial se puede denominar la "Generación del Compact Disc" porque crecieron y llegaron a la adolescencia en una época en la que el CD (Compact Disc) era el formato dominante para la música, el almacenamiento de datos y el entretenimiento digital. Los

CDs, introducidos en los años 80 y popularizados durante los 90, simbolizan el cambio tecnológico y la transición de los formatos analógicos, como el vinilo y las cintas de cassette, a los formatos digitales.

Para los Millennials, el CD representaba la modernidad y la posibilidad de llevar una gran cantidad de música o datos en un formato compacto y duradero. Fueron la primera generación en experimentar la música digitalizada, y muchos recuerdan con nostalgia sus colecciones de discos, que definieron la cultura pop de la época. Además, el CD marcó el comienzo de la era de la digitalización, que más tarde se expandiría a otros medios y tecnologías, delineando la manera en que los Millennials interactúan con el mundo digital.

Según los registros de Billboard y otros recursos históricos, los intérpretes musicales más escuchados, que acompañaron la infancia y juventud de los Millennials fueron: Aerosmith, Backstreet Boys, Bon Jovi, Boyz II Men, Celine Dion, Garth Brooks, Madonna, Mariah Carey, Metallica, Michael Jackson, Phil Collins, Red Hot Chilli Pepers, The Spice Girls, U2 y Whitney Houston, entre otros.

Estos artistas dominaron las listas de popularidad durante esos años, definiendo la banda sonora de una generación que creció en un periodo de grandes cambios tecnológicos y culturales.

Los siguientes líderes influyeron significativamente en los eventos globales de su época, esculpiendo la política, la economía y la sociedad durante la infancia y juventud de los Millennials.

1. Deng Xiaoping (China, 1904). Líder de China, Deng implementó reformas económicas que transformaron a China de una economía planificada a una de mercado, abriendo el país al comercio y la inversión extranjera. Estas reformas sentaron las bases para el rápido crecimiento económico de China, convirtiéndola en una potencia económica global.

2. Ronald Reagan (EE. UU., 1911). Presidente de Estados Unidos, Reagan promovió políticas de libre mercado, conocidas como "Reaganomics", y una postura firme contra la Unión Soviética, intensificando la Guerra Fría. Su enfoque beligerante y el fortalecimiento del gasto militar contribuyeron a la presión sobre la URSS, lo que finalmente llevó al fin de la Guerra Fría.

3. François Mitterrand (Francia, 1916). Presidente de Francia, Mitterrand fue una figura clave en la construcción de la Unión Europea. Promovió la integración europea, incluida la creación del euro, y jugó un papel crucial en el avance del proyecto europeo hacia una mayor unidad política y económica.

4. Nelson Mandela (Sudáfrica, 1918). Líder del movimiento antiapartheid en Sudáfrica, Mandela fue encarcelado durante 27 años por su lucha contra el régimen de segregación racial. Después de ser liberado se convirtió

en el primer presidente negro de Sudáfrica y es un símbolo mundial de la lucha por la igualdad, la justicia y la reconciliación.

5. Papa Juan Pablo II (Polonia, 1920). Papa de la Iglesia Católica, Juan Pablo II jugó un papel crucial en la caída del comunismo en Europa del Este, especialmente en su Polonia natal, al apoyar el movimiento Solidaridad. Su papado fue marcado por la promoción de los derechos humanos y su defensa de la dignidad humana en todo el mundo.

6. George H. W. Bush (EE. UU., 1924). Presidente de Estados Unidos, Bush lideró el país durante el fin de la Guerra Fría y la Guerra del Golfo, que restauró la soberanía de Kuwait tras la invasión iraquí. Su administración también supervisó el colapso de la Unión Soviética y el surgimiento de un nuevo orden mundial.

7. Margaret Thatcher (Reino Unido, 1925). Primera ministra británica, Thatcher fue conocida como la "Dama de Hierro" por su firmeza en la política interna y externa. Promovió el neoliberalismo, reduciendo el poder de los sindicatos y privatizando industrias estatales. Fue una figura clave en la alianza occidental durante la Guerra Fría, especialmente en su relación cercana con Ronald Reagan.

8. Helmut Kohl (Alemania, 1930). Canciller de Alemania, Kohl fue el arquitecto de la reunificación alemana tras la caída del Muro de Berlín. Su liderazgo fue crucial para integrar a Alemania Oriental en una Alemania unificada y para fortalecer la integración europea, lo que llevó a la creación del euro.

9. Mikhail Gorbachev (Rusia, 1931). Último líder de la Unión Soviética, Gorbachev introdujo las reformas de la perestroika (restructuración) y glasnost (apertura), que buscaban revitalizar el sistema soviético pero que terminaron acelerando el colapso de la URSS. Su liderazgo fue fundamental para poner fin a la Guerra Fría y para la transición hacia un mundo postsoviético.

10. Lech Wałęsa (Polonia, 1943). Líder sindical y político polaco, Wałęsa fundó el sindicato Solidaridad, el primer sindicato independiente en el bloque soviético. Su liderazgo fue clave en el movimiento que desafió al régimen comunista en Polonia, y eventualmente llevó al fin del comunismo en el país. Fue galardonado con el Premio Nobel de la Paz en 1983 y más tarde se convirtió en el primer presidente democráticamente elegido de Polonia.

Los siguientes eventos globales influyeron profundamente en la infancia y juventud de los Millennials, moldeando su visión del mundo y las realidades políticas y sociales que enfrentaron al llegar a la adultez.

1. Guerra de las Malvinas (1982). Argentina invade las Islas Malvinas, desencadenando un conflicto armado con el Reino Unido que termina con la victoria británica.

2. Desastre de Chernóbil (1986). La explosión del reactor nuclear en Chernóbil, Ucrania, fue el peor accidente

nuclear de la historia, liberando una gran cantidad de radiación y causando miles de muertes, así como un impacto ambiental duradero.

3. Masacre de Tiananmen (1989). Manifestaciones estudiantiles en la Plaza de Tiananmen en Beijing fueron violentamente reprimidas por el gobierno chino. Este evento fue un símbolo de la lucha por la democracia y la libertad en China

4. Caída del Muro de Berlín (1989). La caída del Muro de Berlín marcó el comienzo del fin de la Guerra Fría y la reunificación de Alemania, simbolizando la derrota del comunismo en Europa del Este.

5. Reunificación de Alemania (1990). La reunificación de Alemania significó la integración de la República Democrática Alemana (RDA) y la República Federal de Alemania (RFA), uniendo a un país dividido desde la Segunda Guerra Mundial.

6. Guerra del Golfo Pérsico (1991). Conflicto militar liderado por Estados Unidos para expulsar a las fuerzas iraquíes de Kuwait, que había sido invadido por Irak en agosto de 1990.

7. Disolución de la Unión Soviética (1991). La Unión Soviética se disolvió formalmente, marcando el fin de la Guerra Fría y el colapso del comunismo en Europa del Este. Este evento transformó el equilibrio de poder global y dio lugar a una nueva era de relaciones internacionales.

8. Acuerdo de Oslo (1993). Los Acuerdos de Oslo fueron firmados entre Israel y la Organización para la

Liberación de Palestina (OLP), representando un primer paso hacia la paz en el conflicto árabe-israelí.

9. **Genocidio de Ruanda (1994).** Ruanda sufrió un genocidio en el que fueron asesinadas aproximadamente 800,000 personas, principalmente tutsis, por parte de los extremistas hutus. Este evento fue una de las tragedias humanitarias más graves del siglo XX.

10. **Fin del Apartheid en Sudáfrica (1994).** Las primeras elecciones multirraciales en Sudáfrica pusieron fin al apartheid y llevaron a Nelson Mandela a la presidencia, estableciendo una nueva era de igualdad y democracia en el país.

Las siguientes corrientes culturales influyeron profundamente en la infancia y juventud de los Millennials, dando forma a sus gustos, valores, y comportamientos a medida que crecían en un mundo cada vez más globalizado y tecnológicamente conectado.

1. **Cultura Pop.** Los videoclips se convirtieron en una forma dominante de expresión artística, influyendo en la moda, el comportamiento y la identidad juvenil. Artistas como Madonna y Michael Jackson se convirtieron en íconos culturales globales.

2. **Hip-Hop y Rap.** Se convirtieron en un movimiento cultural global. Más que solo un género musical, el hip-hop

abarcaba danza (breakdance), arte (graffiti), y un estilo de vida que resonaba con la juventud, especialmente en temas de lucha social y resistencia.

3. Cultura del Arcade. El auge de los videojuegos marcó el inicio de una cultura juvenil digital. Juegos icónicos como "Pac-Man" y "Super Mario Bros." crearon una nueva forma de entretenimiento que sigue siendo influyente en la cultura global.

4. Consumismo. El neoliberalismo no solo impactó la economía, sino que también fomentó una cultura de consumo masivo y globalización, cambiando la manera en que las personas vivían y se identificaban con las marcas y productos.

5. Grunge. Fue un movimiento musical y cultural que combinaba rock alternativo con una actitud anticomercial. Bandas como Nirvana y Pearl Jam no solo definieron el sonido, sino que también influenciaron la moda y la cultura juvenil con su estética desenfadada y existencialismo.

6. Feminismo de Tercera Ola. Una iteración del movimiento feminista que se centró en el individualismo, la diversidad y la inclusión, cuestionando las nociones tradicionales de género y sexualidad.

7. Anime. Japón experimentó una expansión global de su cultura popular, especialmente a través del anime y el manga. Series como "Dragon Ball" y "Sailor Moon" ganaron popularidad en todo el mundo, contribuyendo al desarrollo de una subcultura otaku global.

Las siguientes corrientes filosóficas influyeron en la manera en que los Millennials perciben y se relacionan con el mundo, contribuyendo a una mayor conciencia sobre la diversidad, la justicia social, y la crítica de las estructuras tradicionales de poder.

1. Postmodernismo. Corriente filosófica que desafía las narrativas universales y la idea de una verdad objetiva. En lugar de aceptar grandes metarrelatos, como el progreso inevitable o la racionalidad, filósofos como Jean-François Lyotard abogan por el pluralismo, el relativismo y la fragmentación de la verdad.

2. Deconstrucción. Es una estrategia de análisis desarrollada por Jacques Derrida que se centra en desmantelar las oposiciones binarias que estructuran el pensamiento tradicional (como presencia/ausencia o hombre/mujer). La deconstrucción busca revelar las ambigüedades y contradicciones internas dentro de los textos.

3. Teoría Feminista. Que se expandió para incluir críticas de la representación de género, la interseccionalidad, y el análisis de cómo el patriarcado afecta a diferentes grupos de mujeres de diversas culturas y clases. Figuras como bell hooks y Judith Butler jugaron un papel fundamental en esta evolución.

4. Postcolonialismo. Corriente crítica que examina los legados del colonialismo y cómo estas relaciones de poder continúan influyendo en las sociedades poscoloniales. Esta corriente también analiza cómo la cultura, la identidad y la historia han sido moldeadas por las experiencias coloniales, con autores como Edward Said y Homi K. Bhabha.

5. Constructivismo Social. Pensadores como Peter L. Berger y Thomas Luckmann sostienen que el conocimiento y la realidad son construidos socialmente a través de la interacción humana y el contexto cultural. Esta corriente desafía la idea de una realidad objetiva, argumentando que nuestra comprensión del mundo está mediada por las estructuras sociales y lingüísticas.

Los siguientes avances científicos y tecnológicos transformaron el mundo durante la infancia y juventud de los Millennials, influyendo en la vida cotidiana y sentando las bases para muchas de las tecnologías y conocimientos actuales.

1. Primer transbordador espacial reutilizable (1981). El transbordador espacial Columbia marcó el inicio de una nueva era en la exploración espacial, al permitir misiones reutilizables y el transporte de grandes cargas útiles.

2. Primer Corazón Artificial Implantable (1982). El Dr. Barney Clark recibió el primer corazón artificial permanente,

conocido como Jarvik-7, en una operación pionera que abrió nuevas posibilidades en el tratamiento de enfermedades cardíacas terminales.

3. Apple Macintosh (1984). La primera computadora personal con una interfaz gráfica de usuario y un ratón, haciendo la computación más accesible.

4. Nacimiento de la World Wide Web (1989). Tim Berners-Lee lanzó la World Wide Web, un sistema de gestión de información que permite a los usuarios acceder a documentos y páginas en línea a través de Internet.

5. Inicio del Proyecto Genoma Humano (1990). Se lanzó una iniciativa internacional para mapear todo el ADN humano. Este proyecto fue fundamental para los avances en genética, medicina personalizada y biotecnología.

6. Primer telescopio espacial Hubble (1990). El Hubble permitió obtener imágenes de alta resolución del universo, revolucionando nuestra comprensión del cosmos.

7. Energía Solar Fotovoltaica de Alta Eficiencia (1992). Se desarrollaron células solares fotovoltaicas con una eficiencia significativamente mejorada, crucial para el desarrollo de tecnologías de energía renovable.

Las siguientes empresas no solo han tenido un impacto significativo en sus respectivas industrias, sino que también delinearon el entorno económico y tecnológico durante la infancia y juventud de los Millennials.

1. CNN (Cable News Network) (EE. UU., 1980). Fundador: Ted Turner. CNN fue la primera cadena de televisión que ofreció noticias las 24 horas del día. Revolucionó la industria de la información y se convirtió en una fuente global de noticias en tiempo real, marcando el inicio de la era de las noticias continuas.

2. Adobe (EE. UU., 1982). Fundadores: John Warnock y Charles Geschke. Adobe es conocida por sus productos de software de diseño gráfico, edición de video y creación de contenido digital, como Photoshop, Illustrator y Acrobat. Adobe ha sido un pilar en la industria del diseño y la publicación digital.

3. Sun Microsystems (EE. UU., 1982). Fundadores: Vinod Khosla, Andy Bechtolsheim, Bill Joy, Scott McNealy. Sun Microsystems fue una empresa de tecnología informática que desempeñó un papel crucial en el desarrollo de la infraestructura de Internet y en la creación del lenguaje de programación Java.

4. Cisco (EE. UU., 1984). Fundadores: Leonard Bosack y Sandy Lerner. Cisco es líder mundial en tecnología de redes, desarrollando productos y servicios que permiten la interconexión de dispositivos en una red. Su influencia ha sido fundamental en el crecimiento de Internet y la comunicación global.

5. Dell Inc. (EE. UU., 1984). Fundador: Michael Dell. Dell revolucionó el mercado de las computadoras personales con su modelo de negocio directo al consumidor y su

enfoque en la personalización de los equipos. La empresa se convirtió en uno de los mayores fabricantes de PCs del mundo.

6. AOL (America Online) (EE. UU., 1985). Fundadores: Steve Case, Jim Kimsey, Marc Seriff. AOL fue una de las primeras empresas en ofrecer servicios de Internet al consumidor masivo, proporcionando acceso a Internet, correo electrónico, y mensajería instantánea.

7. NVIDIA (EE. UU., 1993). Fundadores: Jensen Huang, Chris Malachowsky, Curtis Priem. NVIDIA es una empresa líder en la fabricación de unidades de procesamiento gráfico (GPU), que han transformado industrias como los videojuegos, la inteligencia artificial, y el procesamiento de datos.

8. Amazon (EE. UU., 1994). Fundador: Jeff Bezos. Amazon comenzó como una librería en línea y rápidamente se expandió para convertirse en el mayor minorista en línea del mundo, revolucionando la forma en que las personas compran y distribuyen productos y servicios.

9. Netscape (EE. UU., 1994). Fundadores: Marc Andreessen y Jim Clark. Netscape desarrolló uno de los primeros navegadores web comerciales, Netscape Navigator, que jugó un papel fundamental en la popularización de la World Wide Web y el uso generalizado de Internet.

10. Yahoo! (EE.UU., 1994). Fundadores: Jerry Yang y David Filo. Yahoo! fue uno de los primeros portales de Internet, proporcionando un directorio web, correo electrónico y otros servicios que ayudaron a definir la

experiencia en línea de millones de usuarios en los primeros años de Internet.

Las siguientes mujeres dejaron una marca profunda en la política, los derechos humanos y la cultura global, influyendo en los acontecimientos que moldearon la infancia y juventud de los Millennials.

1. Corazón Aquino (Filipinas, 1933). Líder de la Revolución del Poder Popular, se convirtió en la primera presidenta de Filipinas y restauró la democracia en el país después de la dictadura de Ferdinand Marcos.

2. Gro Harlem Brundtland (Noruega, 1939). Primera ministra de Noruega y líder del movimiento por el desarrollo sostenible, Brundtland presidió la Comisión Mundial sobre el Medio Ambiente y el Desarrollo, cuyo informe "Nuestro Futuro Común" fue influyente a nivel mundial.

3. Wangari Maathai (Kenia, 1940). Ambientalista y activista política keniana, fundadora del Movimiento Cinturón Verde, que promovió la reforestación y el empoderamiento de las mujeres rurales. Recibió el Premio Nobel de la Paz por su contribución al desarrollo sostenible.

4. Aung San Suu Kyi (Birmania/Myanmar, 1945). Líder del movimiento por la democracia en Birmania, Suu Kyi fue galardonada con el Premio Nobel de la Paz. Su lucha pacífica

contra el régimen militar la convirtió en un símbolo global de la resistencia no violenta.

5. Hillary Clinton (EE. UU., 1947). Primera Dama de los Estados Unidos, Senadora y candidata presidencial, ha sido una figura destacada en la política estadounidense y un modelo a seguir para muchas mujeres.

6. Meryl Streep (EE. UU., 1949). Una de las actrices más aclamadas de su generación, utilizó su plataforma para abordar temas sociales y políticos importantes.

7. Benazir Bhutto (Pakistán, 1953). Primera mujer en liderar un país musulmán moderno, Benazir Bhutto fue primera ministra de Pakistán. Su liderazgo y visión de un Pakistán democrático la convirtieron en una figura clave en la política global.

8. Oprah Winfrey (EE. UU., 1954). Con su programa de televisión, Oprah se convirtió en una de las figuras mediáticas más poderosas, influyendo en la cultura popular y promoviendo causas sociales.

9. Rigoberta Menchú (Guatemala, 1959). Activista indígena guatemalteca, fue galardonada con el Premio Nobel de la Paz por su trabajo en defensa de los derechos indígenas y su lucha contra la opresión y la injusticia durante la guerra civil guatemalteca.

10. Diana, Princesa de Gales (Reino Unido, 1961). Diana fue una figura icónica conocida por su labor humanitaria y su carisma. Su influencia global se vio reflejada en su trabajo con organizaciones benéficas y en su papel en la monarquía británica.

Los Millennials, nacidos aproximadamente entre 1980 y 1994, crecieron en un contexto familiar que, aunque más debilitado en comparación con generaciones anteriores, como los Baby Boomers y la Generación X, disfrutó de un mayor bienestar económico. Durante estas décadas, las tasas de divorcio se mantuvieron relativamente altas, lo que resultó en un aumento de hogares monoparentales o reconstituidos. Sin embargo, a pesar de la fragmentación del núcleo familiar tradicional, muchos hogares de Millennials experimentaron una mejora económica gracias a la creciente prosperidad global, especialmente en países desarrollados. Este contexto permitió que los Millennials tuvieran acceso a mejores oportunidades educativas y bienes de consumo, aunque también les planteó desafíos emocionales y sociales al adaptarse a estructuras familiares menos convencionales.

La infancia y juventud de los Millennials estuvo marcada por un macroentorno que se volvió progresivamente más volátil, incierto, complejo y ambiguo (VICA). La globalización, la rápida evolución tecnológica, y los cambios sociopolíticos crearon un entorno donde las certezas del pasado ya no aplicaban. Eventos como la caída del Muro de Berlín y el auge de Internet ilustran este entorno VICA. Los Millennials tuvieron que aprender a navegar un mundo en constante cambio, donde las estructuras tradicionales de empleo, política y sociedad se transformaban rápidamente, exigiéndoles adaptabilidad y resiliencia.

Los Millennials fueron la generación escolarmente mejor preparada hasta su época. Con el acceso generalizado a la educación superior y la proliferación de universidades e instituciones de aprendizaje, más Millennials obtuvieron títulos universitarios que cualquier generación anterior. Además, la tecnología jugó un papel crucial en su educación, desde la introducción de computadoras en las aulas hasta la disponibilidad de información en línea, lo que facilitó su acceso al conocimiento. Este enfoque en la educación no solo les proporcionó habilidades técnicas, sino que también fomentó su pensamiento crítico y su capacidad para adaptarse a nuevas situaciones.

Para los Millennials, la participación laboral femenina es vista como algo natural e ilimitado. A diferencia de generaciones anteriores, donde las mujeres luchaban por abrirse camino en el mundo laboral, los Millennials crecieron con la expectativa de que las mujeres trabajaran en cualquier campo y alcanzaran posiciones de liderazgo. La igualdad de género en el trabajo se convirtió en un estándar, con un número cada vez mayor de mujeres obteniendo títulos avanzados y carreras profesionales de alto nivel. Este cambio cultural también influyó en las expectativas sobre la paternidad y la distribución de las tareas domésticas, donde se espera que tanto hombres como mujeres contribuyan de manera equitativa.

Los valores de los Millennials reflejan las condiciones sociales y económicas en las que crecieron. El debate, tanto en entornos académicos como en la esfera pública, se convirtió en una herramienta esencial para cuestionar y mejorar las normas establecidas. La cooperación es otro valor clave, impulsado por su experiencia en entornos educativos colaborativos y su familiaridad con las redes sociales y otras plataformas digitales que promueven el trabajo en equipo. Finalmente, el desarrollo equilibrado es un valor central, donde los Millennials priorizan tanto el éxito profesional como el bienestar personal y la sostenibilidad ambiental, buscando un equilibrio entre estos aspectos en sus vidas y carreras.

Los Millennials son conocidos por su habilidad para realizar múltiples tareas simultáneamente, o "Multitask". Esta habilidad no solo es una respuesta a las demandas del entorno laboral moderno, sino también a la manera en que esta generación ha interactuado con la tecnología desde una edad temprana. Con la llegada de los dispositivos digitales y la expansión de Internet, los Millennials crecieron acostumbrados a cambiar rápidamente de una tarea a otra, manejando múltiples dispositivos y plataformas de comunicación al mismo tiempo. Este enfoque multitarea se ha trasladado al entorno laboral, donde los Millennials son capaces de gestionar varios proyectos y responsabilidades simultáneamente, manteniendo un alto nivel de productividad y adaptabilidad.

En el ámbito de la gestión, los Millennials han sido una fuerza impulsora en el cambio de enfoque, de la identidad organizacional a la responsabilidad social corporativa (RSC). Mientras que las generaciones anteriores podían centrarse más en la cultura interna y los valores corporativos tradicionales, los Millennials esperan que las empresas vayan más allá de sus muros y tengan un impacto positivo en la sociedad. Para ellos, la identidad de una organización no se mide solo por sus productos o servicios, sino por su compromiso con causas sociales, ambientales y éticas. Este cambio de paradigma ha llevado a muchas empresas a adoptar políticas de sostenibilidad, diversidad e inclusión, no solo como una estrategia de marketing, sino como una parte fundamental de su misión y visión. Los Millennials quieren trabajar para organizaciones que compartan sus valores y que estén dispuestas a asumir la responsabilidad de su impacto en el mundo.

La percepción de la calidad en el trabajo también ha evolucionado con los Millennials, pasando de un enfoque en la satisfacción del usuario a una comprensión más integral de la experiencia del usuario. Para esta generación, la calidad no se limita a si un producto cumple con sus expectativas funcionales; se trata de cómo ese producto o servicio encaja en su vida cotidiana y cómo les hace sentir. La experiencia del usuario abarca todos los aspectos de la interacción con una marca, desde la primera impresión hasta el soporte postventa. Los Millennials han sido fundamentales en impulsar este cambio, esperando que las empresas proporcionen experiencias que sean personalizadas, intuitivas y emocionalmente satisfactorias. Esta expectativa ha llevado a un mayor enfoque en el diseño centrado en el usuario y en la creación de experiencias de cliente que fidelicen a través de la empatía y la atención al detalle.

La evolución de la comunicación en el lugar de trabajo es otra área donde los Millennials han dejado su marca. Mientras que el correo electrónico fue la herramienta de comunicación dominante para las generaciones anteriores, los Millennials han abrazado las redes sociales como un medio esencial para la interacción tanto personal como profesional. Las redes sociales no solo han cambiado la forma en que los Millennials se conectan con amigos y familiares, sino que también han transformado la dinámica de la comunicación en el trabajo. Las plataformas digitales han facilitado una comunicación más rápida, informal y colaborativa, rompiendo las barreras jerárquicas tradicionales y permitiendo una mayor participación en tiempo real. Este cambio ha hecho que la comunicación sea más ágil y accesible, alineándose con el ritmo acelerado del entorno laboral moderno.

La colaboración es otro rasgo distintivo de los Millennials en el lugar de trabajo. Crecieron en entornos educativos que fomentaban el trabajo en equipo y han llevado ese enfoque colaborativo a sus carreras. Los Millennials valoran las sinergias que surgen de trabajar juntos, creyendo que las mejores ideas y soluciones provienen de la combinación de diferentes perspectivas y habilidades. Este énfasis en la colaboración ha llevado a un mayor uso de herramientas digitales que facilitan el trabajo en equipo, permitiendo a los empleados colaborar de manera efectiva, independientemente de su ubicación física.

A pesar de su adaptabilidad y enfoque colaborativo, uno de los mayores desafíos que enfrentan los Millennials es la permanencia en el empleo. La volatilidad del mercado laboral, combinada con una mentalidad de búsqueda constante de nuevas oportunidades y experiencias, ha hecho que los Millennials sean conocidos por su tendencia a cambiar de trabajo con más frecuencia que las generaciones anteriores. Para muchos, la idea de permanecer en una empresa durante décadas parece anticuada, prefiriendo en su lugar explorar nuevas oportunidades que les permitan crecer y desarrollarse profesionalmente. Este enfoque en la movilidad laboral presenta un desafío tanto para los empleadores, que buscan retener talento, como para los Millennials, que deben equilibrar su deseo de cambio con la necesidad de estabilidad.

Para atraer a los Millennials, las empresas deben enfocarse en tres aspectos clave: digitalización, colaboración e internacionalización.

Esta generación, que creció rodeada de tecnología digital, espera que las organizaciones no solo estén al día con las últimas herramientas tecnológicas, sino que también las utilicen para mejorar la eficiencia y la innovación en el lugar de trabajo. Las empresas que invierten en la digitalización de sus procesos, desde el uso de software colaborativo hasta plataformas de comunicación en la nube, se vuelven más atractivas para los Millennials, quienes valoran la capacidad de trabajar de manera ágil y conectada. La digitalización también permite una mayor flexibilidad, otro aspecto muy valorado por esta generación, que busca un equilibrio entre la vida personal y profesional.

La colaboración es otro factor crucial para atraer a los Millennials. Acostumbrados a trabajar en equipo desde su época escolar, valoran los entornos laborales donde la colaboración se fomenta activamente. Las empresas que promueven la cultura de equipo, donde se valoran las contribuciones individuales dentro de un esfuerzo colectivo, resultan más atractivas para esta generación. Herramientas de trabajo colaborativo, espacios de coworking y metodologías ágiles que promuevan la interacción constante entre equipos son elementos clave para captar el interés de los Millennials.

Finalmente, la internacionalización es un factor atractivo para los Millennials, quienes ven el mundo como un lugar sin fronteras gracias a la globalización y la tecnología. Las empresas que operan en un contexto global, ofreciendo oportunidades para trabajar en proyectos internacionales o incluso la posibilidad de trasladarse a diferentes países, tienen una ventaja competitiva a la hora de atraer a esta generación. La internacionalización no solo amplía las perspectivas de desarrollo profesional, sino que también satisface el deseo de los Millennials de vivir experiencias diversas y enriquecedoras.

Una vez que los Millennials han sido atraídos a una empresa, es crucial integrarlos eficazmente en el equipo y en la cultura organizacional.

Las dinámicas de grupo son una excelente manera de fomentar la integración. Estas dinámicas pueden incluir talleres interactivos, actividades de team building, o sesiones de brainstorming, donde los Millennials puedan conocer a sus colegas en un entorno relajado y colaborativo. Las dinámicas no solo ayudan a romper el hielo, sino que también permiten a los nuevos colaboradores entender mejor la cultura de la empresa y cómo pueden contribuir a los objetivos colectivos.

La organización en equipos de trabajo también es fundamental para la integración de los Millennials. Esta generación prefiere trabajar en grupos donde puedan intercambiar ideas y aprender de sus compañeros. Asignarles proyectos donde la colaboración sea clave y donde puedan ver el impacto directo de su trabajo en los resultados finales es una manera efectiva de integrarlos en la empresa. Además, fomentar un ambiente donde el trabajo en equipo se valore y se recompense fortalece su sentido de pertenencia y compromiso.

Los eventos al aire libre son otra estrategia eficaz para integrar a los Millennials. Actividades como retiros corporativos, jornadas de voluntariado o eventos deportivos al aire libre permiten a los colaboradores desconectar del entorno laboral tradicional y conocerse en un contexto diferente. Estas actividades no solo promueven la camaradería y el espíritu de equipo, sino que también refuerzan la importancia del equilibrio entre el trabajo y la vida personal, un valor esencial para los Millennials.

El desarrollo profesional de los Millennials se basa en proporcionarles retos constantes, ofrecer retroalimentación inmediata (ASAP) y ayudarlos a manejar el estrés.

Esta generación busca constantemente desafíos que les permitan crecer y aprender. Proporcionarles proyectos ambiciosos, con objetivos claros y metas alcanzables, les da la oportunidad de demostrar sus habilidades y de desarrollarse profesionalmente. Los retos, cuando se presentan de manera adecuada, también les permiten mantenerse motivados y comprometidos con su trabajo.

La retroalimentación ASAP es crucial para el desarrollo de los Millennials. Acostumbrados a la inmediatez en la comunicación, esperan recibir comentarios sobre su desempeño de manera rápida y continua. Las revisiones anuales tradicionales no son suficientes; prefieren un feedback constante que les permita ajustar su enfoque y mejorar en tiempo real. Esto no solo les ayuda a crecer profesionalmente, sino que también les proporciona un sentido de progreso y reconocimiento por su trabajo.

El manejo del estrés es otro aspecto vital en el desarrollo de los Millennials. Dado el entorno laboral dinámico y a menudo exigente en el que se encuentran, es importante que las empresas ofrezcan recursos y apoyo para ayudarlos a gestionar el estrés. Programas de bienestar, sesiones de mindfulness y talleres de gestión del tiempo son herramientas útiles para que los Millennials puedan mantener un equilibrio saludable entre su vida laboral y personal.

Retener a los Millennials en la empresa requiere un enfoque estratégico que incluya mentoring, flexibilidad y la oferta de tiempo libre. El mentoring es fundamental para esta generación, que valora la guía y el consejo de líderes experimentados. Un programa de mentoring eficaz no solo les proporciona orientación profesional, sino que también les ayuda a navegar las complejidades del entorno laboral y a planificar su crecimiento a largo plazo. El apoyo de un mentor también refuerza su compromiso con la empresa y les proporciona un sentido de pertenencia.

La flexibilidad es otra clave para retener a los Millennials. Esta generación valora la capacidad de ajustar sus horarios y de trabajar desde diferentes ubicaciones, siempre que se cumplan los objetivos. Ofrecer opciones como el trabajo remoto, horarios flexibles o semanas laborales comprimidas no solo aumenta su satisfacción laboral, sino que también les permite equilibrar mejor su vida profesional con sus intereses personales.

Finalmente, el tiempo libre es esencial para la retención de los Millennials. A diferencia de generaciones anteriores que priorizaban el trabajo sobre el ocio, los Millennials entienden la importancia de desconectar y recargar energías. Proporcionar suficiente tiempo libre, así como oportunidades para tomar vacaciones o participar en actividades extracurriculares, es crucial para mantener su bienestar y motivación. Las empresas que reconocen la importancia del tiempo libre y lo respetan como parte integral del balance trabajo-vida, encuentran que es más probable que los Millennials se mantengan leales y comprometidos a largo plazo.

Actividades para conocer más a profundidad a los Millennials:

1. Investiga el perfil de 5 hombres y 5 mujeres famosos de la generación de los Millennials, globalmente reconocidos por sus contribuciones políticas, sociales, religiosas o empresariales, con el propósito de comprender el impacto de estos individuos en diversos campos y su relevancia histórica.

2. Escucha la música, lee los libros y ve las películas que marcaron a los Millennials en su infancia y juventud, de modo que conozcas la cultura y la visión del mundo que imperaba en su tiempo.

3. Conversa con una persona cercana de la generación de los Millennials sobre su experiencia y trayectoria laboral y personal, con el objetivo de obtener

una perspectiva directa sobre las vivencias y valores de esta generación.

4. Revisa y analiza anuncios de empleo publicados en su momento para atraer Millennials, para entender cómo se comunicaban las oportunidades laborales de la época a través de los medios que prevalecían en ese tiempo.

5. Descubre los ídolos artísticos y deportivos más aclamados entre 1980 y 1994 y adéntrate en sus historias de vida, con el objetivo de entender las fórmulas de éxito que entusiasmaban a los Millennials en su infancia y juventud.

6. Organiza un debate sobre la importancia de los valores personales y laborales promovidos por la generación de los Millennials, con el propósito de reflexionar sobre cómo esos valores pueden aplicarse y adaptarse en el contexto actual y futuro del trabajo.

7. Investiga la historia de empresas fundadas entre 1980 y 1994 para comprender cómo reflejaron las características de los Millennials y cuál ha sido su impacto en lo económico, social y ambiental.

SERIE CIMA
Smart Business
KNOWLEDGE

Centennials

SERIE CIMA
Smart Business
KNOWLEDGE

José Manuel Vega Báez

La generación nacida aproximadamente entre 1995 y 2009 conocida comúnmente como Centennials, ha recibido varios nombres, Generación Z, Nativos Digitales y Generación de Cristal, que reflejan diferentes aspectos de su identidad y las características distintivas que los definen en un mundo cada vez más digital y globalizado. El término "Centennials" hace referencia al hecho de que esta generación llegó a la adolescencia y a la adultez en torno al cambio de siglo, a finales del siglo XX y principios del siglo XXI. Este nombre subraya su proximidad con el nuevo milenio y los retos que este trajo consigo, en especial en lo que respecta a la tecnología, la globalización y los cambios sociales. Los Centennials han crecido en un mundo donde la tecnología digital no es solo una herramienta, sino una parte integral de la vida cotidiana, lo que ha influido profundamente en su forma de ver y experimentar el mundo.

"Generación Z" sigue la nomenclatura alfabética que comenzó con la Generación X, y luego con los Millennials (Generación Y). La "Z" sugiere el cierre de un ciclo generacional en el siglo XX, antes de que emerjan nuevas categorías en el futuro. La Generación Z se caracteriza por su hiperconexión digital, su habilidad para consumir y crear contenido a través de múltiples plataformas, y su enfoque en temas como la sostenibilidad, la diversidad y la justicia social. Esta generación se distingue por haber vivido desde su infancia rodeada de tecnología avanzada, lo que les ha dado una perspectiva única y altamente adaptativa en un mundo en constante cambio.

El término "Nativos Digitales" fue popularizado por el autor Marc Prensky para describir a esta generación que ha crecido inmersa en la tecnología digital desde su nacimiento. A diferencia de generaciones anteriores que tuvieron que adaptarse a la tecnología digital a medida que esta evolucionaba, los Centennials no han conocido un mundo sin internet, smartphones, o redes sociales. Esta familiaridad innata con la tecnología les ha otorgado una fluidez en su uso que les permite adaptarse rápidamente a nuevas herramientas digitales y plataformas. Sin embargo, también plantea desafíos en términos de atención, manejo de la información, y la presión de estar siempre conectados.

El término "Generación de Cristal" es más polémico y se utiliza para describir la percepción de que esta generación es más frágil emocionalmente, en comparación con las anteriores. Se sugiere que los Centennials, al haber crecido en un entorno más protegido y con mayor conciencia sobre temas como la salud mental y el bullying, tienden a ser más sensibles a las críticas y a las dificultades. Sin embargo, esta denominación también refleja una generación que es extremadamente consciente de sus emociones, que aboga por la salud mental, y que no teme hablar abiertamente sobre sus vulnerabilidades. Esta apertura y sensibilidad son, en muchos sentidos, una fortaleza, ya que han dado lugar a un enfoque más inclusivo y empático en la sociedad.

Los Centennials se identifican con el color amarillo debido a las asociaciones que este color tiene con el optimismo, la energía, y la creatividad, características que definen a esta generación. El amarillo es un color brillante y vibrante que simboliza la juventud y el deseo de cambio, dos rasgos prominentes en los Centennials. Esta generación, que ha crecido en un mundo de cambios rápidos y desafíos globales, adopta una actitud positiva y enérgica hacia el futuro, buscando soluciones innovadoras a los problemas que enfrentan.

Además, el amarillo también está asociado con la claridad y la búsqueda de la verdad, reflejando el enfoque de los Centennials en la transparencia y la justicia social. A través de su activismo y su deseo de marcar la diferencia, los

Centennials han hecho del amarillo un símbolo de su identidad colectiva y de su visión de un mundo más brillante y equitativo.

La generación Centennial puede ser denominada como la "Generación del Streaming" porque crecieron en un entorno donde el acceso a la música y otros contenidos de audio se ha transformado completamente a través de las plataformas de streaming. A diferencia de generaciones anteriores que usaron vinilos, cassettes o CDs, los Centennials han experimentado el auge de servicios como Spotify y Apple Music, que permiten acceso instantáneo a millones de canciones desde cualquier lugar y en cualquier momento.

El streaming de audio ha moldeado la forma en que esta generación consume música, creando una cultura de inmediatez y personalización. Los Centennials no solo escuchan música; crean listas de reproducción, comparten sus descubrimientos musicales y se sumergen en una diversidad de géneros y artistas que antes no estaban tan accesibles. Además, estas plataformas utilizan algoritmos para recomendar nuevas canciones basadas en los gustos personales de los usuarios, lo que ha hecho que el descubrimiento musical sea una experiencia constante y personalizada. Así, el streaming de audio no solo define cómo la Generación Z consume música, sino que también refleja su deseo por la instantaneidad, la variedad y la conexión con una comunidad global.

Según los registros de Billboard, Spotify, Apple Music y otros recursos históricos, los intérpretes musicales más escuchados, que acompañaron la infancia y juventud de los Millennials fueron: Adele, Beyoncé, Britney Spears, Bruno Mars, Chris Brown, Coldplay, Drake, Eminem, JayZ, Kanye West, Katy Perry, Lady Gaga, Maroon 5, Rihanna y Taylor Swift, entre otros.

Estos artistas dominaron las listas de popularidad durante este período, siendo parte fundamental de la banda sonora de una generación que creció con la revolución del streaming y el acceso inmediato a la música a través de plataformas digitales.

Los siguientes líderes dejaron una huella significativa en la política y los eventos globales durante la infancia y juventud de los Centennials, formando su percepción del mundo y los desafíos que enfrenta.

1. Jacques Chirac (Francia, 1932). Presidente de Francia, Chirac es recordado por su firme oposición a la invasión de Irak, que lo convirtió en una figura clave en la diplomacia internacional. Fue una voz importante en la política europea y global, promoviendo la integración europea y el multilateralismo.

2. Kofi Annan (Ghana, 1938). Secretario General de la ONU, Annan trabajó incansablemente para la paz mundial y los derechos humanos. Fue galardonado con el Premio Nobel de la Paz por su trabajo, incluyendo la reforma de la ONU y sus esfuerzos en la resolución de conflictos, como en Darfur y Kosovo.

3. Hu Jintao (China, 1942). Presidente de China, Hu supervisó el ascenso de China como potencia económica mundial, fomentando un crecimiento económico sostenido y la expansión de la influencia global de China. Su liderazgo coincidió con la consolidación del papel de China en organizaciones internacionales y en la economía global.

4. Bill Clinton (EE. UU., 1946). Presidente de Estados Unidos, Clinton es conocido por su papel en la expansión económica de EE. UU., el Acuerdo de Paz de Dayton que puso fin a la guerra en Bosnia, y su papel clave en la globalización, promoviendo el libre comercio y la expansión de Internet.

5. George W. Bush (EE. UU., 1946). Presidente de Estados Unidos, Bush lideró la "Guerra contra el terrorismo" tras los atentados del 11 de septiembre, lanzando las guerras en Afganistán e Irak. Su presidencia marcó un cambio en la política exterior estadounidense y tuvo un impacto duradero en la seguridad global.

6. Vladimir Putin (Rusia, 1952). Presidente de Rusia, Putin ha consolidado el poder en Rusia y ha restaurado la influencia del país en la política global, especialmente en Europa y Medio Oriente. Bajo su liderazgo, Rusia ha jugado

un papel clave en conflictos internacionales, como en Ucrania y Siria.

7. Tony Blair (Reino Unido, 1953). Primer ministro británico, Blair fue influyente en la intervención de la OTAN en Kosovo y un aliado clave de EE. UU. en la Guerra contra el terrorismo, apoyando la invasión de Irak. Su política exterior y su "Tercera Vía" en la política económica dejaron una marca significativa en el Reino Unido y en el mundo.

8. Angela Merkel (Alemania, 1954). Canciller de Alemania, Merkel fue una líder clave en la política europea, especialmente durante la crisis financiera global y la crisis de la eurozona. Su enfoque pragmático y su liderazgo fueron fundamentales para la estabilidad y la integración europea.

9. Mahmoud Ahmadinejad (Irán, 1956). Presidente de Irán, Ahmadinejad es conocido por su postura confrontativa hacia Occidente y su papel en la expansión del programa nuclear iraní. Su retórica agresiva y su desdén por las potencias occidentales complicaron las relaciones internacionales y aumentaron las tensiones en el Medio Oriente.

10. Osama bin Laden (Arabia Saudita, 1957). Líder de al-Qaeda, responsable de los atentados del 11 de septiembre, que mataron a miles de personas y cambiaron la dinámica global en materia de seguridad y terrorismo. Su ideología extremista y sus acciones llevaron a una guerra global contra el terrorismo, que continúa influyendo en la política internacional hoy en día.

Los siguientes eventos globales influyeron profundamente en la infancia y juventud de los Centennials, al moldear sus perspectivas sobre la política, la economía y las crisis globales.

1. Hong Kong Vuelve a China (1997). Tras más de 150 años bajo control británico, Hong Kong fue devuelto a China bajo la fórmula "un país, dos sistemas". Este evento marcó un hito en las relaciones internacionales y tuvo un impacto duradero en la economía global.

2. Crisis Financiera Asiática (1997). Comenzó en Tailandia con la devaluación del baht, y rápidamente se extendió por Asia, causando una grave recesión económica en la región. La crisis tuvo consecuencias globales, afectando mercados y economías emergentes en todo el mundo.

3. Introducción del Euro (1999). El euro fue introducido como moneda oficial en 11 países de la Unión Europea. Esta unificación monetaria fortaleció la integración económica europea y se convirtió en una de las monedas más importantes del mundo.

4. Ataques del 11 de Septiembre (2001). Los ataques terroristas en Nueva York y Washington, D.C., perpetrados por Al-Qaeda, marcaron el inicio de la "Guerra contra el Terrorismo" liderada por Estados Unidos y cambiaron la política global y la seguridad internacional de manera profunda.

5. Invasión de Afganistán (2001). Estados Unidos, junto con aliados, invadió Afganistán para derrocar al régimen talibán, que albergaba a Osama bin Laden. Esta guerra marcó el inicio de un conflicto prolongado que definiría gran parte de la política internacional en las décadas siguientes.

6. Invasión de Irak (2003). La invasión de Irak, liderada por Estados Unidos y Reino Unido, resultó en la caída del régimen de Saddam Hussein. Justificada inicialmente por la presunta posesión de armas de destrucción masiva, la guerra tuvo consecuencias políticas y humanitarias significativas.

7. Tsunami del Océano Índico (2004). Un devastador tsunami causado por un terremoto submarino de magnitud 9.1 golpeó las costas del sudeste asiático, cobrando la vida de más de 230,000 personas. Este desastre natural generó una respuesta humanitaria sin precedentes a nivel global.

8. Huracán Katrina (2005). El huracán Katrina devastó la costa del Golfo de Estados Unidos, particularmente Nueva Orleans, dejando más de 1,800 muertos y causando daños catastróficos. La respuesta al desastre reveló fallos significativos en la gestión de emergencias en EE. UU.

9. Crisis Financiera Global (2008). La quiebra de Lehman Brothers desencadenó una crisis financiera global, que llevó a la Gran Recesión. Los mercados bursátiles se desplomaron, millones de personas perdieron sus empleos, y las economías de todo el mundo sufrieron contracciones severas.

10. Elección de Barack Obama (2008). Barack Obama fue elegido como el primer presidente afroamericano de los Estados Unidos. Su elección marcó un momento histórico en la política estadounidense, simbolizando el cambio y la esperanza en un periodo de crisis económica.

Las siguientes corrientes culturales globales dieron forma a la infancia y juventud de los Centennials, influenciando sus valores, intereses y la forma en que interactúan con el mundo.

1. Cultura del Internet. La popularización de Internet transformó la manera en que las personas se comunicaban, trabajaban y consumían información. La World Wide Web se convirtió en una plataforma global para el acceso instantáneo a la información y el entretenimiento.

2. Movimiento de Globalización Cultural. Permitió el intercambio cultural entre diferentes países a través del comercio, la migración y los medios de comunicación. Esto llevó a una mezcla, creando una cultura compartida en muchas partes del mundo.

3. Cultura Indie: Es un movimiento cultural caracterizado por la independencia en la música, cine, y arte, donde se prioriza la autenticidad, la creatividad y la producción fuera de los grandes sistemas comerciales.

4. Cultura de la Celebridad. Basada en la proliferación de reality shows y medios de comunicación centrados en las vidas de las estrellas. Programas como "American Idol" ayudaron a crear una obsesión global por las vidas privadas de las celebridades.

5. Movimiento de Conciencia Ambiental. Surgió a medida que crecían las preocupaciones sobre el cambio climático y el medio ambiente. Documentales como "Una verdad incómoda" elevaron la discusión sobre sostenibilidad y responsabilidad ambiental.

6. Cultura Emo. Es un movimiento juvenil que combina música rock emocional con una estética oscura y expresiva, que se caracteriza por explorar temas de angustia y vulnerabilidad.

7. Redes Sociales. El lanzamiento de Facebook seguido por otras plataformas marcó el comienzo de una era donde la comunicación y las interacciones sociales se digitalizaron. Las redes sociales permitieron una conectividad sin precedentes y redefinieron cómo las personas comparten información y se relacionan entre sí.

Las siguientes corrientes filosóficas han influido en la forma en que los Centennials entienden el mundo, su identidad, y su relación con la tecnología, el medio ambiente, y la sociedad en general.

1. Teoría Queer. Desafía las categorías fijas de género y sexualidad, argumentando que estas son construcciones sociales fluidas y no naturales. Esta corriente filosófica, con Eve Kosofsky Sedgwick como una de sus pioneras, busca desestabilizar las normas tradicionales de género y sexualidad, promoviendo la diversidad y la inclusividad en las identidades sexuales.

2. Cibercultura. Analiza el impacto de la tecnología digital, Internet, y las redes sociales en la sociedad y la cultura. Autores como Manuel Castells y Pierre Lévy examinan cómo estas tecnologías transforman la comunicación, la identidad, y las estructuras de poder, creando nuevas formas de interacción social y cultural.

3. Filosofía de la Globalización. Estudia el fenómeno de la globalización, enfocándose en sus implicaciones económicas, culturales y políticas a nivel mundial. Reflexiona sobre la interconexión global y los desafíos éticos y sociales que surgen en un mundo cada vez más interdependiente, teniendo como exponentes a Zygmunt Bauman y Ulrich Beck, entre otros.

4. Transhumanismo. Es una corriente que explora la posibilidad de mejorar las capacidades humanas a través de la tecnología avanzada, como la biotecnología, la inteligencia artificial y la nanotecnología. Propone la idea de que los seres humanos pueden trascender sus limitaciones biológicas. Nick Bostrom y Ray Kurzweil son algunos de sus pensadores representativos.

5. Realismo Especulativo. Quentin Meillassoux y Graham Harman, entre otros, cuestionan el

antropocentrismo de la filosofía contemporánea y buscan explorar la realidad tal como existe independientemente de la experiencia humana, desafiando las tradiciones filosóficas que privilegian la conciencia humana en la construcción del conocimiento.

Los siguientes avances científicos y tecnológicos han tenido un impacto duradero en la sociedad, moldeando la infancia y juventud de los Centennials, y transformando la manera en que interactúan con el mundo.

1. Clonación de la Oveja Dolly (1996). Dolly fue el primer mamífero clonado a partir de una célula adulta, marcando un hito en la biotecnología y abriendo debates éticos sobre la clonación y la manipulación genética. Este avance mostró el potencial de la clonación en la medicina y la investigación genética.

2. Tecnología de células madre humanas (1998). Ese año, un equipo de científicos liderado por James Thomson en la Universidad de Wisconsin-Madison logró aislar y cultivar células madre embrionarias humanas por primera vez. Este hito marcó el inicio de una nueva era en la investigación de células madre, permitiendo avances significativos en medicina regenerativa y en el estudio de enfermedades.

3. Nacimiento de Google (1998). Google revolucionó el acceso a la información y se convirtió en el motor de búsqueda más popular del mundo, transformando la manera en que las personas buscan, consumen y comparten información en línea.

4. Publicación de Wikipedia (2001). Wikipedia, la enciclopedia en línea de contenido libre, se lanzó en 2001, cambiando radicalmente la manera en que la información es recopilada, compartida y consumida. Su modelo colaborativo permitió que millones de personas contribuyeran y accedieran a información de manera gratuita.

5. Secuenciación del Genoma Humano (2003). La finalización del Proyecto Genoma Humano marcó un avance crucial en la genética, proporcionando un mapa completo del ADN humano. Este logro abrió nuevas vías para la medicina personalizada y el tratamiento de enfermedades genéticas.

6. Lanzamiento de Facebook (2004). Facebook comenzó como una red social universitaria y rápidamente se expandió globalmente, cambiando la forma en que las personas se conectan y comparten su vida online. Este avance marcó el inicio de la era de las redes sociales.

7. Lanzamiento del iPhone (2007). Apple presentó el iPhone, un dispositivo que combinaba un teléfono móvil, un reproductor de música y un navegador web. El iPhone marcó el comienzo de la era de los teléfonos inteligentes, transformando la comunicación y el acceso a la tecnología digital.

Las siguientes empresas han dejado una marca duradera en la tecnología, el comercio, y la cultura global, influyendo en la vida temprana de los Centennials y en la evolución del mundo digital en su conjunto.

1. eBay (EE. UU., 1995). Fundador: Pierre Omidyar. Es una plataforma de comercio electrónico que permite a personas y empresas comprar y vender productos en línea a través de subastas y ventas directas. Revolucionó el comercio en línea, convirtiéndose en un referente global en el sector.

2. Netflix (EE. UU., 1997). Fundadores: Reed Hastings y Marc Randolph. Comenzó como un servicio de alquiler de DVD por correo y evolucionó hasta convertirse en la plataforma de streaming de video líder en el mundo, transformando la forma en que el público consume cine y televisión.

3. Google (EE. UU., 1998). Fundadores: Larry Page y Sergey Brin. Google se estableció como el motor de búsqueda más utilizado en el mundo, expandiéndose rápidamente en otros servicios tecnológicos, como publicidad en línea, sistemas operativos móviles (Android), y la nube, convirtiéndose en una de las empresas más influyentes del planeta.

4. PayPal (EE. UU., 1998). Fundadores: Max Levchin, Peter Thiel, y Luke Nosek. Es una plataforma de pagos en línea que facilita transacciones electrónicas seguras entre usuarios. Se convirtió en una de las herramientas de pago más utilizadas en Internet, revolucionando las compras y ventas en línea.

5. Alibaba (China, 1999). Fundador: Jack Ma. Es un conglomerado tecnológico especializado en comercio electrónico, venta minorista, y tecnología. Es la plataforma de comercio en línea más grande de China, con influencia global, y ha sido fundamental en la transformación del comercio electrónico en Asia.

6. Facebook (EE. UU., 2004). Fundadores: Mark Zuckerberg, Eduardo Saverin, Andrew McCollum, Dustin Moskovitz, y Chris Hughes. Comenzó como una red social para estudiantes universitarios y rápidamente se convirtió en la plataforma de redes sociales más grande del mundo.

7. YouTube (EE. UU., 2005). Fundadores: Steve Chen, Chad Hurley, y Jawed Karim. YouTube revolucionó el consumo de contenido en línea al permitir a los usuarios subir, compartir y ver videos de forma gratuita. Es la plataforma de video más grande del mundo y ha transformado la industria del entretenimiento y la creación de contenido.

8. Twitter (EE. UU., 2006). Fundadores: Jack Dorsey, Noah Glass, Biz Stone, y Evan Williams. Es una red social basada en microblogging que permite a los usuarios publicar y compartir mensajes cortos de hasta 280 caracteres. Ha

tenido un impacto significativo en la comunicación global, especialmente en noticias y política.

9. Spotify (Suecia, 2006). Fundadores: Daniel Ek y Martin Lorentzon. Es un servicio de streaming de música que ha transformado la industria musical al ofrecer acceso instantáneo a millones de canciones en línea. Ha cambiado la manera en que las personas escuchan y descubren música.

10. Airbnb (EE. UU., 2008). Fundadores: Brian Chesky, Joe Gebbia, y Nathan Blecharczyk. Es una plataforma que conecta a personas que desean alquilar sus viviendas con huéspedes que buscan alojamiento temporal. Ha transformado la industria de la hospitalidad y ha popularizado la economía compartida a nivel global.

Las siguientes mujeres fueron influyentes en diversas áreas, desde la política y los derechos humanos hasta la cultura y la ciencia, dejando una huella profunda en la historia global durante la infancia y juventud de los Centennials.

1. Madeleine Albright (Checoslovaquia, 1937). Primera mujer en ser secretaria de Estado de los Estados Unidos. Jugó un papel clave en la política exterior estadounidense, abordando temas como la expansión de la OTAN y la intervención en los Balcanes.

2. Ellen Johnson Sirleaf (Liberia, 1938). Primera mujer en ser elegida presidenta en África. Recibió el Premio Nobel de la Paz por su trabajo en la reconstrucción de Liberia después de la guerra civil y su lucha por los derechos de las mujeres.

3. Shirin Ebadi (Irán, 1947). Abogada y defensora de los derechos humanos, fue la primera mujer musulmana en recibir el Premio Nobel de la Paz por su trabajo en la defensa de los derechos de las mujeres, niños y refugiados en Irán.

4. Condoleezza Rice (EE. UU., 1954). Primera mujer afroamericana en ser secretaria de Estado de los Estados Unidos. Desempeñó un papel clave en la política exterior durante la administración de George W. Bush, incluyendo la guerra en Irak y Afganistán.

5. Indra Nooyi (India, 1955). CEO de PepsiCo, una de las mujeres más poderosas en el mundo empresarial. Bajo su liderazgo, PepsiCo se enfocó en una mayor sostenibilidad y en expandir su portafolio de productos más saludables.

6. Yulia Tymoshenko (Ucrania, 1960). Primera mujer en ser primera ministra de Ucrania. Fue una figura clave durante la Revolución Naranja y una defensora importante de la democracia en Europa del Este.

7. Melinda Gates (EE. UU., 1964). Cofundadora de la Fundación Bill y Melinda Gates, una de las organizaciones filantrópicas más grandes del mundo. Ha jugado un papel crucial en iniciativas globales de salud, educación y empoderamiento de las mujeres.

8. Michelle Obama (EE. UU., 1964). Primera Dama de los Estados Unidos, abogada y defensora de varias causas

sociales, incluyendo la salud pública, la educación de las niñas y la vida activa. Se convirtió en una figura influyente tanto en la política como en la cultura popular.

9. J.K. Rowling (Inglaterra, 1965). Autora de la serie de libros de Harry Potter, que no solo redefinió la literatura juvenil, sino que también tuvo un impacto cultural masivo a nivel global. Sus libros han inspirado a millones de jóvenes y han creado un fenómeno literario y cinematográfico.

10. Angelina Jolie (EE. UU., 1975). Actriz, cineasta y activista humanitaria. Se ha destacado no solo por su carrera en Hollywood, sino también por su trabajo como Enviada Especial de la ONU para los Refugiados, promoviendo los derechos de los desplazados en todo el mundo.

Los Centennials, nacidos aproximadamente entre 1995 y 2009, crecieron en un entorno familiar más diverso y, en muchos casos, menos próspero que la generación anterior. A diferencia de los Millennials, quienes a menudo experimentaron la estabilidad económica de los años 90, los Centennials vivieron su infancia en un período marcado por crisis financieras, como las de 1997 y 2008. Esto afectó la estabilidad económica de muchas familias, creando un entorno en el que la diversidad en la estructura familiar se hizo más común. Hogares monoparentales, familias reconstituidas, y una mayor aceptación de la diversidad sexual y de género dentro de las familias son características prominentes en la vida de los Centennials.

El macroentorno en el que los Centennials han crecido se describe no solo como VICA (volátil, incierto, complejo y ambiguo), sino también como profundamente polarizado. Este grupo ha presenciado cambios rápidos en la tecnología, la política, y la economía global, lo que ha creado un mundo impredecible y en constante cambio. Además, la polarización política y social se ha intensificado, con debates cada vez más acalorados sobre temas como el cambio climático, los derechos humanos, y la equidad económica. Esta polarización no solo ha afectado las políticas públicas, sino que también ha influido en cómo los Centennials perciben la sociedad y su papel en ella. La constante exposición a estos desafíos ha moldeado una generación que es a la vez resiliente y crítica, dispuesta a cuestionar el statu quo.

Los Centennials son conocidos por su gran preparación tanto escolar como extraescolar. Desde una edad temprana, han tenido acceso a una amplia gama de recursos educativos, tanto tradicionales como digitales. La integración de la tecnología en la educación ha sido fundamental, con herramientas como plataformas de aprendizaje en línea, aplicaciones educativas, y acceso a información ilimitada a través de Internet. Además de su formación académica, muchos Centennials participan en actividades extracurriculares que les permiten desarrollar habilidades prácticas, como deportes, artes, programación, y emprendimiento. Este enfoque integral en la educación ha preparado a esta generación para enfrentar un mundo laboral cambiante y altamente competitivo.

La participación laboral femenina ha seguido aumentando y se ha vuelto más equitativa durante la infancia y juventud de los Centennials. A medida que las mujeres han asumido roles de liderazgo en diversos sectores, la equidad de género en el trabajo ha avanzado significativamente. Las políticas de igualdad salarial, el acceso a la educación superior, y la mayor visibilidad de mujeres en posiciones de poder han contribuido a este cambio. Para los Centennials, la igualdad de género en el lugar de trabajo no es solo una meta, sino una expectativa. Este cambio también ha influido en la dinámica familiar, con cada día más hombres asumiendo roles activos en la crianza de los hijos y las tareas del hogar, promoviendo una distribución más equitativa de las responsabilidades.

Los valores que definen a los Centennials incluyen el aprendizaje continuo, la tolerancia, y el arrojo. Esta generación, habiendo crecido en un mundo digital, valora el acceso a la información y el aprendizaje constante como una necesidad fundamental. La tolerancia es otro valor central, impulsada por la diversidad que han experimentado en sus vidas. Los Centennials tienden a ser inclusivos y abiertos a diferentes culturas, identidades y opiniones. Finalmente, el arrojo, o la disposición a asumir riesgos, es un valor característico de esta generación que, frente a un mundo VICA, no teme enfrentar desafíos y buscar soluciones innovadoras a los problemas que afectan a su entorno.

Los Centennials se caracterizan por ser una generación "Multiskills" en el entorno laboral. A diferencia de generaciones anteriores que se especializaban en un campo particular, los Centennials tienden a desarrollar múltiples habilidades que les permiten adaptarse a un entorno de trabajo en constante cambio. Esta capacidad de manejar diversas competencias simultáneamente, desde la tecnología digital hasta la gestión de proyectos y la creatividad, los convierte en colaboradores versátiles y altamente adaptables. Esta habilidad multidisciplinaria es fundamental en un mundo donde la tecnología y las necesidades empresariales evolucionan rápidamente, y donde los roles laborales a menudo requieren una combinación de competencias técnicas, sociales y creativas.

En términos de gestión, los Centennials llevan el concepto de responsabilidad social a un nivel más elevado: la consciencia global. Mientras que los Millennials promovieron la responsabilidad social corporativa, enfocándose en prácticas éticas y sostenibles dentro de las empresas, los Centennials han ampliado este enfoque hacia una perspectiva global. Esta generación no solo espera que las empresas sean responsables en sus prácticas internas, sino que también tengan un impacto positivo en el mundo. Los Centennials valoran profundamente la sostenibilidad ambiental, la justicia social, y la equidad global, y buscan trabajar para organizaciones que compartan estos valores. Este enfoque de consciencia global se refleja en su deseo de que las empresas aborden problemas como el cambio climático, la desigualdad y los derechos humanos a nivel mundial.

La percepción de calidad para los Centennials ha evolucionado de centrarse en la experiencia del usuario a considerar la capacidad de difusión exponencial. En un mundo dominado por las redes sociales, no basta con ofrecer una experiencia de usuario excelente; esta experiencia debe ser compartida y amplificada por los propios usuarios para tener un impacto significativo. Los Centennials son conscientes del poder que tienen para influir en otros a través de sus redes, por lo que valoran productos y servicios que no solo cumplan con sus expectativas, sino que también sean dignos de ser recomendados y difundidos en sus círculos sociales. Esta característica ha llevado a las empresas a enfocarse en crear experiencias memorables que se traduzcan en publicidad orgánica y viralidad en las plataformas digitales.

Las redes sociales son la columna vertebral de la comunicación para los Centennials. Esta generación ha crecido inmersa en plataformas digitales llenas de imágenes y videos, lo que ha moldeado la manera en que se comunican tanto en su vida personal como profesional. Las redes sociales no solo son una herramienta para compartir contenido, sino que también son el medio principal a través del cual los Centennials se informan, colaboran, y construyen redes profesionales. La comunicación en estas plataformas es rápida, visual y directa, lo que refleja la necesidad de inmediatez y eficiencia que caracteriza a esta generación. Las empresas que buscan captar la atención y el compromiso de los Centennials deben dominar el uso estratégico de las redes sociales para interactuar de manera efectiva con esta audiencia.

El aporte más significativo de los Centennials en el lugar de trabajo es su dominio de la tecnología digital. Esta generación, conocida como nativa digital, ha crecido rodeada de dispositivos electrónicos, Internet, y herramientas digitales, lo que les permite adaptarse rápidamente a nuevas tecnologías y usarlas de manera innovadora. Los Centennials traen consigo una mentalidad orientada a la tecnología que impulsa la transformación digital en las organizaciones. Son hábiles en el uso de software, plataformas de colaboración en línea, y herramientas de automatización, lo que les permite optimizar procesos y mejorar la eficiencia en el trabajo. Además, su familiaridad con las tendencias digitales los convierte en valiosos activos para las empresas que buscan mantenerse competitivas en un mundo cada vez más digitalizado.

Sin embargo, un reto significativo que enfrentan los Centennials es la frustración, especialmente cuando sus expectativas no se alinean con la realidad del entorno laboral. Acostumbrados a la inmediatez y la personalización en su vida diaria, pueden sentir frustración en estructuras laborales tradicionales que son lentas para adaptarse o que no ofrecen la flexibilidad que ellos valoran. Además, la alta presión para tener éxito en un mundo competitivo puede generar ansiedad y estrés, lo que también contribuye a la frustración. Las empresas deben ser conscientes de estos desafíos y buscar maneras de proporcionar apoyo, como programas de bienestar y canales abiertos de comunicación, para ayudar a los Centennials a navegar sus carreras de manera efectiva y satisfactoria.

Atraer a los Centennials requiere un enfoque estratégico que valore la apertura a la diversidad, un ambiente digital avanzado y una verdadera multiculturalidad en el lugar de trabajo.

Los Centennials crecieron en un mundo donde la diversidad es la norma y no la excepción. Están acostumbrados a interactuar con personas de diferentes orígenes culturales, religiosos y sociales, por lo que valoran profundamente un entorno laboral que sea inclusivo y representativo de esta diversidad. Las empresas que muestren un compromiso genuino con la diversidad en todos sus niveles, desde las políticas de contratación hasta las prácticas diarias, serán más atractivas para esta generación.

El ambiente digital es otro aspecto crucial para atraer a los Centennials. Esta generación es nativa digital, lo que significa que han crecido rodeados de tecnología y esperan que su entorno laboral refleje esta realidad. Un ambiente de trabajo que utilice las últimas tecnologías, que permita la flexibilidad en el trabajo remoto y que facilite la colaboración digital es esencial para captar su interés. Las empresas deben estar dispuestas a invertir en herramientas digitales avanzadas y en infraestructura tecnológica que no solo facilite el trabajo, sino que también lo haga más eficiente y adaptable a las necesidades de los Centennials.

La multiculturalidad es también un factor clave para atraer a los Centennials. Estos jóvenes valoran la posibilidad de trabajar en un entorno que respete y celebre las diferencias culturales, y que les ofrezca la oportunidad de aprender y crecer en un ambiente internacional. Las empresas que promuevan la multiculturalidad, ya sea a través de programas de intercambio, equipos internacionales o políticas de inclusión cultural, tendrán una ventaja significativa en la atracción de talento Centennial.

Una vez que los Centennials han sido atraídos a una organización, el siguiente paso crucial es integrarlos de manera efectiva. El proceso de onboarding es fundamental en este sentido. Un onboarding atractivo que no solo informe sobre las políticas y procedimientos de la empresa, sino que también inspire y motive a los nuevos colaboradores, es esencial para los Centennials. Este proceso debe ser dinámico, interactivo y personalizado, utilizando plataformas digitales y herramientas colaborativas que les permitan conectarse con sus colegas y comprender rápidamente la cultura de la empresa.

Las políticas de inclusión son igualmente importantes para la integración de los Centennials. Esta generación espera que las empresas en las que trabajan no solo promuevan la diversidad, sino que también implementen políticas claras que garanticen la inclusión de todos los colaboradores, independientemente de su origen, género, orientación sexual o discapacidad. Las empresas deben establecer y comunicar de manera efectiva estas políticas para crear un entorno donde todos los empleados se sientan valorados y respetados.

El intercambio funcional es otra estrategia efectiva para integrar a los Centennials. Esta generación valora la oportunidad de trabajar en diferentes áreas y de colaborar con colegas de diferentes departamentos. Facilitar el intercambio funcional no solo permite a los Centennials desarrollar una comprensión más amplia del negocio, sino que también fomenta la innovación y la creatividad al exponerlos a diferentes perspectivas y enfoques.

El desarrollo profesional de los Centennials debe enfocarse en el uso de plataformas virtuales, el trabajo en equipos multidisciplinarios y el establecimiento de objetivos a corto plazo.

Las plataformas virtuales son fundamentales para el aprendizaje y desarrollo de esta generación. Acostumbrados a la tecnología digital, los Centennials esperan que las oportunidades de desarrollo profesional estén disponibles en línea, permitiéndoles aprender a su propio ritmo y desde cualquier lugar. Las empresas deben ofrecer acceso a cursos en línea, webinars y otras formas de aprendizaje digital que sean relevantes para sus roles y objetivos profesionales.

Los equipos multidisciplinarios también son clave para el desarrollo de los Centennials. Trabajar en equipos que incluyan a personas de diferentes disciplinas y con diferentes habilidades permite a esta generación aprender de sus colegas y desarrollar una visión más integral de los proyectos en los que trabajan. Las empresas que fomenten el trabajo en equipos multidisciplinarios estarán mejor posicionadas para desarrollar el talento Centennial y para aprovechar al máximo su potencial creativo y colaborativo.

Además, un enfoque en el corto plazo es crucial para mantener a los Centennials motivados y comprometidos. A diferencia de generaciones anteriores que podían centrarse en objetivos a largo plazo, los Centennials prefieren trabajar en proyectos que les ofrezcan recompensas y reconocimientos tangibles en un periodo de tiempo más corto. Las empresas deben estructurar sus proyectos y metas de manera que permitan a los Centennials ver el impacto de su trabajo rápidamente y celebrar los hitos intermedios, manteniendo así su entusiasmo y compromiso.

Retener a los Centennials en la organización requiere un enfoque que combine el bienestar integral, el intraemprendimiento y la celebración de logros.

El bienestar integral es una prioridad para esta generación, que entiende la importancia del equilibrio entre la vida laboral y personal. Las empresas deben ofrecer beneficios que apoyen tanto la salud física como mental de sus colaboradores, como programas de bienestar, acceso a servicios de salud mental, y opciones de trabajo flexible. Estos beneficios no solo mejoran la satisfacción laboral, sino que también demuestran que la empresa valora y cuida a sus colaboradores.

El intraemprendimiento es otro factor clave para retener a los Centennials. Esta generación es innovadora y busca oportunidades para desarrollar nuevas ideas dentro de la empresa. Las organizaciones deben fomentar el intraemprendimiento ofreciendo plataformas y recursos para que los colaboradores desarrollen y lancen sus propios proyectos. Este enfoque no solo mantiene a los Centennials comprometidos, sino que también puede llevar a innovaciones significativas dentro de la empresa.

Finalmente, la celebración de logros es esencial para mantener a los Centennials motivados. Esta generación valora el reconocimiento por su trabajo y necesita sentir que sus contribuciones son apreciadas. Las empresas deben implementar sistemas de reconocimiento que celebren tanto los logros individuales como los colectivos, ya sea a través de premios, menciones en reuniones, o celebraciones de equipo. Reconocer y celebrar los éxitos no solo fortalece la moral del equipo, sino que también refuerza el compromiso de los Centennials con la organización.

Actividades para conocer más a profundidad a los Centennials:

1. Investiga el perfil de 5 hombres y 5 mujeres famosos de la generación de los Centennials, globalmente reconocidos por sus contribuciones políticas, sociales, religiosas o empresariales, con el propósito de comprender el impacto de estos individuos en diversos campos y su relevancia histórica.

2. Escucha la música, lee los libros y ve las películas que marcaron a los Centennials en su infancia y juventud, de modo que conozcas la cultura y la visión del mundo que imperaba en su tiempo.

3. Conversa con una persona cercana de la generación de los Centennials sobre su experiencia y trayectoria laboral y personal, con el objetivo de obtener una perspectiva directa sobre las vivencias y valores de esta generación.

4. Revisa y analiza anuncios de empleo publicados en su momento para atraer Centennials, para entender cómo se comunicaban las oportunidades laborales de la época a través de los medios que prevalecían en ese tiempo.

5. Descubre los ídolos artísticos y deportivos más aclamados entre 1995 y 2009 y adéntrate en sus historias de vida, con el objetivo de entender las fórmulas de éxito que entusiasmaban a los Centennials en su infancia y juventud.

6. Organiza un debate sobre la importancia de los valores personales y laborales promovidos por la generación de los Centennials, con el propósito de reflexionar sobre

cómo esos valores pueden aplicarse y adaptarse en el contexto actual y futuro del trabajo.

7. Investiga la historia de empresas fundadas entre 1995 y 2009 para comprender cómo reflejaron las características de los Centennials y cuál ha sido su impacto en lo económico, social y ambiental.

SERIE CIMA
Smart Business
KNOWLEDGE

Tendencias Generacionales

SERIE CIMA
Smart Business
KNOWLEDGE

Después de haber explorado detalladamente las características, valores y dinámicas de las cinco generaciones que actualmente coexisten en el entorno laboral: Builders, Baby Boomers, Generación X, Millennials y Centennials, nos encontramos en una etapa crucial de este análisis. A lo largo de los primeros cinco capítulos, hemos desglosado las particularidades que definen a cada generación, reconociendo sus fortalezas, desafíos y la manera en que han sido moldeadas por sus contextos históricos y sociales.

Este recorrido nos ha permitido comprender cómo cada generación ha influido y sigue influyendo en la cultura organizacional y en las dinámicas laborales contemporáneas. Sin embargo, el entorno laboral no es estático; está en constante evolución, influenciado por tendencias emergentes que reflejan los cambios en las expectativas, comportamientos y valores de las diferentes generaciones.

En este capítulo exploraremos las principales tendencias que están moldeando el futuro del trabajo y que tienen un fuerte impacto organizacional. Estas tendencias no solo reflejan los cambios generacionales en sí mismos, sino también cómo las organizaciones deben adaptarse para prosperar, pues redefinen las expectativas de los colaboradores, al tiempo que también presentan nuevas oportunidades y desafíos para las organizaciones que buscan atraer, retener y motivar a un talento cada vez más diverso y exigente.

Del Crecimiento Exponencial al Desarrollo Sostenible

Durante gran parte del siglo XX, la noción de crecimiento exponencial fue vista como la principal medida de éxito económico y empresarial. Las generaciones como los Builders y Baby Boomers valoraron enormemente el crecimiento acelerado, que se reflejaba en la expansión rápida de empresas, el aumento en la producción industrial, y el consumo masivo. Esta mentalidad estaba profundamente arraigada en un contexto histórico que priorizaba la reconstrucción postguerra, la industrialización masiva y la creación de empleos. Sin embargo, en las últimas décadas, las generaciones más jóvenes, como los Millennials y Centennials, han comenzado a desafiar esta visión, prefiriendo en su lugar un enfoque en el desarrollo sostenible, que equilibra el crecimiento económico con la responsabilidad ambiental y social.

Para los Builders y Baby Boomers, el crecimiento exponencial era sinónimo de progreso y prosperidad. Un ejemplo emblemático de esta mentalidad es la expansión de la industria automotriz en las décadas posteriores a la Segunda Guerra Mundial. Las armadoras de automóviles se expandieron a un ritmo vertiginoso, produciendo vehículos a gran escala y promoviendo un estilo de vida basado en el consumo constante. Este enfoque no solo impulsó el crecimiento económico, sino que también fomentó la creación de empleo y el desarrollo de infraestructuras en todo el mundo. La meta era clara: crecer lo más rápido posible, aprovechando al máximo los recursos disponibles para maximizar la producción y las ganancias.

Sin embargo, a medida que las consecuencias ambientales y sociales de este enfoque comenzaron a hacerse evidentes, como la degradación ambiental, el agotamiento de los recursos naturales, y la creciente desigualdad económica, las generaciones más jóvenes han adoptado una visión diferente. Los Millennials y Centennials, que han crecido en un mundo cada vez más consciente de los desafíos globales, han comenzado a valorar más el desarrollo sostenible que el crecimiento desmedido. Para estas generaciones, el éxito no se mide solo por el crecimiento económico, sino por la capacidad de una organización para operar de manera que respete y preserve el medio ambiente, promueva la equidad social y mantenga la viabilidad a largo plazo.

Un ejemplo concreto de este cambio es la creciente popularidad de las empresas certificadas que equilibran el propósito y las ganancias. Estas empresas se comprometen a tomar decisiones que beneficien a sus colaboradores, clientes, la comunidad y el medio ambiente. Algunas empresas que han adoptado este enfoque priorizan prácticas sostenibles en su cadena de suministro y donan un porcentaje de sus ganancias a causas ambientales. Este modelo de negocio no solo refleja los valores de las generaciones más jóvenes, sino que también está demostrando ser rentable y sostenible en el largo plazo.

De la Credibilidad en las Instituciones a la Credibilidad en los Individuos

A lo largo del siglo XX, la credibilidad de las instituciones: gobiernos, corporaciones, iglesias y medios de comunicación, fue un pilar fundamental para las generaciones como los Builders y los Baby Boomers. Estas generaciones crecieron en una era donde las grandes instituciones no solo dictaban las normas sociales y económicas, sino que también inspiraban confianza y lealtad. Sin embargo, en las últimas décadas, hemos sido testigos de un cambio generacional significativo: los Millennials y Centennials están trasladando su confianza de las instituciones hacia los individuos. Este cambio refleja una creciente desconfianza en las grandes organizaciones y una preferencia por conexiones más personales y auténticas.

Para los Builders y Baby Boomers, las instituciones representaban estabilidad y autoridad. Después de las guerras mundiales y en medio de la construcción de economías prósperas, confiar en instituciones como el gobierno, las grandes empresas y los medios de comunicación era natural y necesario. Un claro ejemplo de esta confianza es cómo las noticias difundidas por las grandes cadenas televisivas eran consideradas verdades incuestionables. Los líderes corporativos y políticos, respaldados por sus instituciones, eran figuras de respeto y admiración. La credibilidad institucional no solo guiaba la toma de decisiones, sino que también proporcionaba un sentido de identidad y pertenencia a los individuos dentro de la sociedad.

En contraste, los Millennials y Centennials han crecido en un mundo donde la credibilidad de las instituciones ha sido erosionada por escándalos, corrupción, y la percepción de que estas entidades están desconectadas de las realidades y necesidades de las personas comunes. Casos como la crisis financiera de 2008, los escándalos de abuso en la iglesia y las crecientes preocupaciones sobre la transparencia en las grandes corporaciones han contribuido a esta desconfianza. En lugar de confiar ciegamente en las instituciones, las generaciones más jóvenes buscan autenticidad y transparencia en los individuos. La figura del "influencer" en redes sociales es un ejemplo claro de cómo la credibilidad ha pasado de las instituciones a los individuos. Las personas prefieren seguir y confiar en figuras que perciben como auténticas, que comparten experiencias personales y que interactúan directamente con sus seguidores. Estas figuras, aunque no tienen la autoridad formal de las instituciones, han ganado credibilidad a través de la conexión directa y la transparencia.

Otro ejemplo es la preferencia por líderes empresariales que son vistos como accesibles y que muestran un lado más humano. Estos líderes han construido su credibilidad no solo a través de sus logros empresariales, sino también por cómo interactúan con el público, comparten sus pensamientos en plataformas abiertas y abordan temas sociales de manera personal y directa.

De la Seguridad Laboral a la Libertad Laboral

A lo largo de las últimas décadas, hemos sido testigos de un cambio profundo en las prioridades laborales de las diferentes generaciones. Mientras que las primeras generaciones, como los Builders y los Baby Boomers, valoraron enormemente la seguridad laboral que les ofrecía un empleo estable, las generaciones más recientes, como los Millennials y Centennials, priorizan la libertad laboral. Este cambio refleja una transformación en las expectativas y valores que han sido moldeados por los contextos económicos, sociales y tecnológicos en los que cada generación ha crecido.

Los Builders y Baby Boomers, que vivieron durante y después de la Gran Depresión y la Segunda Guerra Mundial, crecieron en un entorno donde la estabilidad y la seguridad eran esenciales. Para estas generaciones, un empleo de por vida con beneficios como jubilación, seguro médico y estabilidad económica era el ideal. Tener un trabajo seguro significaba poder mantener a la familia, acceder a una vivienda propia y planificar un futuro sin grandes sobresaltos. La permanencia en una empresa durante décadas era vista no solo como una responsabilidad, sino como una fuente de orgullo personal y profesional. Este enfoque hacia la seguridad se reflejaba en su lealtad hacia las empresas y en la valoración de los beneficios a largo plazo que los empleos tradicionales ofrecían.

En contraste, los Millennials y Centennials han crecido en un mundo radicalmente diferente, donde la tecnología ha acelerado el ritmo del cambio y ha transformado las dinámicas laborales. Estas generaciones valoran más la libertad que les ofrece un empleo, priorizando la flexibilidad para trabajar desde cualquier lugar, el equilibrio entre la vida personal y profesional, y la oportunidad de emprender o cambiar de carrera con mayor facilidad. Para ellos, la libertad laboral no se trata solo de evitar la rigidez de un horario fijo, sino de poder elegir trabajos que se alineen con sus pasiones y valores, y que les permitan desarrollarse de manera continua en un entorno dinámico y menos estructurado.

Un claro ejemplo de este cambio es la popularidad creciente del trabajo freelance y el teletrabajo. Muchos Millennials y Centennials prefieren la flexibilidad de trabajar por proyectos, elegir sus horarios y tener la posibilidad de viajar o trabajar desde cualquier lugar del mundo. Las plataformas digitales han facilitado este estilo de vida, permitiéndoles mantenerse conectados y productivos sin estar atados a un escritorio en una oficina. Las empresas que ofrecen oportunidades de trabajo independiente han crecido significativamente en las últimas décadas, reflejando esta tendencia hacia la libertad laboral.

Del Control Organizacional a la Confianza Personal

La evolución del entorno laboral ha generado un cambio significativo en la manera en que las organizaciones gestionan a sus colaboradores. Las generaciones anteriores, como los Builders y Baby Boomers, crecieron en un mundo donde el control organizacional era una práctica común y valorada. Las jerarquías rígidas, el seguimiento estricto de normas y procedimientos, y la supervisión constante eran la norma, y los empleados se sentían seguros y cómodos bajo este enfoque, que les ofrecía claridad y estructura en sus roles. Sin embargo, las generaciones más recientes, como los Millennials y Centennials, priorizan la confianza personal y valoran la autonomía que un empleador puede otorgarles. Este cambio refleja una transformación en los valores y expectativas laborales, adaptados a un entorno más dinámico y menos centralizado.

Para los Builders y Baby Boomers, el control organizacional representaba una forma de estabilidad. En un mundo donde la continuidad y la predictibilidad eran fundamentales, los empleados confiaban en las directrices claras y en la supervisión cercana para cumplir con sus responsabilidades. Un ejemplo de esto es el enfoque en la "tarjeta checadora" donde el cumplimiento estricto del horario laboral era un indicador clave del compromiso y la productividad del empleado. La jerarquía piramidal era vista como una estructura efectiva para mantener el orden y garantizar que cada nivel de la organización funcionara de manera eficiente.

Sin embargo, los Millennials y Centennials han llegado a valorar más la confianza que los empleadores puedan depositar en ellos. Esta generación, que ha crecido en un entorno de constante cambio tecnológico y social, se siente más motivada y comprometida cuando se le otorga autonomía y se le permite trabajar de manera independiente. La confianza personal significa que el empleado es valorado no solo por cumplir con su horario o seguir reglas estrictas, sino por su capacidad para gestionar su tiempo, tomar decisiones y contribuir creativamente a la organización.

Un ejemplo concreto de este cambio es la adopción del trabajo remoto y los horarios flexibles, donde la confianza en el empleado es fundamental. Las empresas que adoptan estas prácticas confían en que sus colaboradores completarán sus tareas de manera efectiva, sin la necesidad de una supervisión constante. Esto no solo mejora la satisfacción laboral, sino que también fomenta un mayor sentido de responsabilidad y compromiso. Muchas empresas han implementado políticas que permiten a los empleados trabajar desde cualquier lugar, lo que demuestra la confianza en su capacidad para gestionar su propio tiempo y tareas.

De la Paciencia en el Proceso a la Inmediatez de los Resultados

A lo largo del siglo XX, las generaciones como los Builders y los Baby Boomers operaban bajo la premisa de que los buenos resultados tomaban tiempo. La paciencia, vista como una virtud clave, se reflejaba en la manera en que se abordaban los proyectos y las carreras profesionales. Los plazos largos eran la norma, y las expectativas de éxito estaban alineadas con procesos graduales y sostenidos. Sin embargo, con la llegada de los Millennials y Centennials, esta mentalidad ha cambiado drásticamente. Estas generaciones han crecido en un entorno donde la inmediatez es la norma, impulsada por el avance de la tecnología y el acceso instantáneo a la información, productos y servicios. Este cambio refleja una evolución en las expectativas y la forma en que se gestiona el tiempo en el mundo laboral y personal.

Para los Builders y Baby Boomers, la paciencia se traducía en dedicación a largo plazo. Un ejemplo de esto es cómo los trabajadores de estas generaciones a menudo pasaban décadas construyendo sus carreras dentro de una misma empresa, avanzando paso a paso en la jerarquía corporativa. Los plazos para el desarrollo de productos o la implementación de proyectos importantes podían extenderse por años, y esto era aceptado como parte del proceso. Un caso emblemático es el desarrollo de proyectos de infraestructura, como la construcción de autopistas o edificios icónicos, donde el tiempo no era visto como un obstáculo, sino como una garantía de calidad y durabilidad.

En contraste, los Millennials y Centennials han sido moldeados por un mundo digital donde la inmediatez es una expectativa básica. Estas generaciones han crecido con acceso a internet de alta velocidad, compras en línea con entrega rápida, y la posibilidad de comunicarse instantáneamente con cualquier persona en el mundo. En el entorno laboral, esto se traduce en una preferencia por plazos cortos, resultados rápidos y una aversión a los procesos prolongados. Un ejemplo es la adopción de metodologías ágiles en la industria tecnológica, donde los proyectos se dividen en sprints cortos con entregas continuas de valor, en lugar de seguir un cronograma rígido y extenso. Estas metodologías reflejan la necesidad de adaptarse rápidamente a los cambios y entregar resultados de manera continua y eficiente.

Otra manifestación de esta tendencia es el auge de aplicaciones de mensajería instantánea y plataformas de trabajo colaborativo, que permiten una comunicación rápida y decisiones inmediatas, lo cual es altamente valorado por las generaciones más jóvenes. Estas herramientas han reemplazado los correos electrónicos y las reuniones largas, permitiendo que los equipos se mantengan conectados y productivos en tiempo real.

De los Colaboradores Semejantes a los Colaboradores Diversos

A lo largo de la historia laboral, las generaciones anteriores, como los Builders y Baby Boomers, tendieron a valorar la semejanza entre colaboradores. La preferencia por trabajar con personas que compartían un trasfondo cultural, una forma de pensar similar y experiencias laborales comunes era la norma. Este enfoque proporcionaba un sentido de cohesión y estabilidad en un entorno donde la homogeneidad era vista como una garantía de entendimiento mutuo y eficacia. Sin embargo, en las generaciones más recientes, como los Millennials y Centennials, ha emergido una clara preferencia por la diversidad en el lugar de trabajo. Esta tendencia refleja un cambio en la percepción de lo que constituye un equipo efectivo y una comprensión más profunda de los beneficios que la diversidad puede aportar a la innovación y el éxito organizacional.

Para los Builders y Baby Boomers, la semejanza en el entorno laboral proporcionaba un sentido de confort y predictibilidad. Trabajar con personas que compartían valores, formas de pensar y estilos de trabajo similares reducía el riesgo de conflictos y facilitaba la toma de decisiones. Por ejemplo, en muchas organizaciones de mediados del siglo XX, los equipos estaban compuestos predominantemente por personas del mismo género, raza y trasfondo socioeconómico. La homogeneidad era vista como una fortaleza, uniendo a los equipos bajo una mentalidad común que priorizaba la eficiencia y la coherencia en la ejecución de tareas.

Sin embargo, los Millennials y Centennials han crecido en un mundo mucho más globalizado e interconectado, donde la diversidad no solo es más común, sino también altamente valorada. Estas generaciones reconocen que la diversidad en el lugar de trabajo en términos de género, etnia, habilidades, perspectivas, etcétera, fomenta la creatividad, la innovación y la resolución de problemas. Al reunir a personas con experiencias y puntos de vista diversos, se generan ideas más originales y se encuentran soluciones más completas a los desafíos empresariales. Un ejemplo claro de esta tendencia es el creciente enfoque en la diversidad de género y etnia en las empresas de tecnología, que han implementado políticas de contratación que buscan crear equipos diversos, entendiendo que una mayor variedad de perspectivas puede conducir al diseño de productos y servicios más inclusivos y exitosos en un mercado global.

Además, la preferencia por colaboradores diversos se refleja en la popularidad de programas de mentoría y redes internas que promueven la inclusión y el desarrollo de talentos diversos. En estas generaciones, se valora el aprendizaje continuo de colegas que pueden aportar diferentes experiencias y habilidades, enriqueciendo el entorno laboral y ofreciendo nuevas oportunidades de crecimiento personal y profesional.

De la Competencia Interna a la Colaboración Interna

Durante gran parte del siglo XX, la competencia interna fue vista como un motor clave del éxito organizacional. Las generaciones como los Builders y Baby Boomers crecieron en un entorno donde el enfoque en la competencia individual y entre equipos dentro de la misma organización era ampliamente valorado. Se creía que la competencia fomentaba la excelencia, impulsaba a los empleados a superar sus límites y, en última instancia, beneficiaba a la empresa al elevar su rendimiento general. Sin embargo, en las últimas décadas, este enfoque ha sido sustituido por una creciente promoción de la colaboración interna, una tendencia más alineada con las expectativas y valores de las generaciones recientes, como los Millennials y Centennials.

Para los Builders y Baby Boomers, la competencia interna era vista como una forma efectiva de motivar a los empleados. Un ejemplo clásico de esta mentalidad es el uso de "ranking forzado" en muchas empresas, donde los empleados eran clasificados en función de su rendimiento, y los que estaban en la parte inferior de la lista enfrentaban posibles consecuencias, como la falta de promociones o incluso el despido. Esta práctica, popularizada en gran medida por algunas empresas icónicas del siglo pasado, se basaba en la creencia de que la competencia fomentaba la productividad y eliminaba a los empleados de bajo rendimiento, dejando solo a los más capaces.

Sin embargo, a medida que el entorno empresarial ha evolucionado, las generaciones más jóvenes han comenzado a cuestionar la efectividad de la competencia interna, señalando que puede crear un ambiente de trabajo hostil y poco colaborativo. Los Millennials y Centennials, en particular, valoran la colaboración como una herramienta fundamental para la innovación y el éxito a largo plazo. En lugar de competir entre sí, prefieren trabajar en equipos multidisciplinarios donde el intercambio de ideas y la cooperación son esenciales para resolver problemas complejos y crear soluciones innovadoras.

Un ejemplo de este cambio es el enfoque de empresas basadas en tecnología digital, que promueven la colaboración a través de espacios de trabajo abiertos, el uso de herramientas colaborativas y la implementación de equipos de trabajo interdepartamentales. Estas empresas han creado culturas donde la colaboración no solo se fomenta, sino que también se premia. Los hackathones internos, donde equipos de diferentes áreas se unen para desarrollar proyectos en conjunto, son un ejemplo claro de cómo la colaboración puede generar resultados innovadores que una competencia interna estricta no podría lograr.

Recomendaciones Organizacionales

SERIE CIMA
Smart Business
KNOWLEDGE

Este capítulo final propone un conjunto de recomendaciones organizacionales que buscan maximizar el potencial del capital humano. Al adoptar un enfoque integrador y consciente, las empresas no solo podrán superar los desafíos intergeneracionales, sino que también podrán crear un ambiente de trabajo en el que cada generación se sienta valorada y motivada a contribuir con lo mejor de sí misma.

En las siguientes páginas, presentaremos estrategias específicas que permitirán a las organizaciones aprovechar al máximo las fortalezas de cada generación, promoviendo al mismo tiempo un entorno laboral inclusivo, flexible y adaptado a las realidades del siglo XXI. Estas recomendaciones están diseñadas para ayudar a las organizaciones a no solo retener talento, sino también a fomentar un ambiente de innovación continua y crecimiento sostenible, asegurando que todos los colaboradores, independientemente de su generación, puedan florecer y alcanzar su máximo potencial.

El panorama actual del mercado laboral está compuesto por una mezcla única de cinco generaciones activas, cada una aportando su propio conjunto de habilidades, experiencias y perspectivas. Con base en datos históricos, la generación dominante de cada época representa aproximadamente el 35% de la fuerza laboral, que hoy en día corresponde a los Millennials. Sin embargo, a medida que avanzamos hacia el futuro, el porcentaje de participación de las primeras cuatro generaciones: Builders, Baby Boomers, Generación X y Millennials, irá disminuyendo de forma natural debido al retiro progresivo de los trabajadores mayores y la evolución de las dinámicas demográficas y ese 35% le corresponderá a los Centennials.

La llegada de los Centennials en masa al mercado laboral no solo cambiará la composición de la fuerza de trabajo, sino que también exigirá una transformación en las estructuras organizacionales, las políticas laborales y las estrategias de gestión del talento. Las organizaciones que deseen mantenerse competitivas y atractivas para este nuevo talento deberán adoptar un enfoque proactivo, por lo que es imperativo que comiencen desde ahora a prepararse para este cambio inevitable. Adaptarse a las necesidades y expectativas de esta generación no solo garantizará una fuerza laboral comprometida y productiva, sino que también posicionará a las empresas para liderar en un mundo cada vez más globalizado.

1

Estructuras Horizontales

En el mundo laboral actual, caracterizado por la velocidad del cambio y la necesidad de innovación constante, las jerarquías verticales, tradicionalmente dominantes en las organizaciones, se están volviendo obsoletas. Los Centennials, y en gran medida también los Millennials, prefieren estructuras organizacionales más horizontales, donde la colaboración, la flexibilidad y la agilidad son clave. Este cambio no solo es deseable desde la perspectiva de los colaboradores, sino también factible y beneficioso para las empresas que buscan mantenerse competitivas en un entorno cada vez más dinámico.

Para los colaboradores, una estructura horizontal ofrece un entorno de trabajo donde la voz de cada empleado es escuchada y valorada. Las jerarquías tradicionales, con múltiples capas de supervisión y toma de decisiones centralizada, pueden ser lentas y limitan la innovación al restringir el flujo de ideas. En contraste, las estructuras horizontales fomentan un ambiente de trabajo más abierto y colaborativo, donde los empleados tienen mayor autonomía y acceso directo a la toma de decisiones. Esto no solo aumenta la satisfacción laboral, sino que también motiva a los colaboradores a asumir un mayor sentido de responsabilidad y compromiso con la organización. Desde la perspectiva de la empresa, adoptar una estructura horizontal es no solo factible, sino también ventajoso. Las organizaciones horizontales pueden responder más rápidamente a los cambios del mercado, ya que las decisiones se toman más cerca del lugar donde se implementan. Además, al reducir los niveles jerárquicos, las empresas pueden ahorrar en costos administrativos y mejorar la eficiencia operativa. Este tipo de estructura también facilita la innovación, ya que las ideas pueden fluir libremente entre equipos y departamentos, sin las barreras que suelen imponer las jerarquías estrictas.

Flexibilidad Funcional

En un mundo laboral cada vez más dinámico, las organizaciones que persisten en la rigidez estructural se enfrentan a serios desafíos para mantenerse competitivas. La rigidez, que se caracteriza por procesos inflexibles, estructuras jerárquicas estrictas y una falta de adaptabilidad, puede sofocar la innovación y reducir la eficiencia operativa. En contraste, la flexibilidad funcional, que permite a las empresas adaptarse rápidamente a los cambios del entorno y maximizar el uso de sus recursos humanos, no solo es deseable para los colaboradores, sino también factible y beneficiosa para la empresa en su conjunto.

Para los colaboradores, la flexibilidad funcional significa un entorno de trabajo más ágil y adaptable. Esta flexibilidad permite a los empleados ajustar su trabajo a las circunstancias cambiantes, como la necesidad de equilibrar responsabilidades personales y laborales, o la posibilidad de trabajar en diferentes proyectos que se alineen con sus habilidades y aspiraciones. Este enfoque no solo mejora la satisfacción laboral, sino que también fomenta un mayor compromiso y motivación, ya que los colaboradores se sienten más valorados y tienen la oportunidad de crecer y desarrollarse en múltiples áreas dentro de la organización.

Desde la perspectiva de la empresa, la transición hacia la flexibilidad funcional es no solo factible, sino crucial para la supervivencia y el crecimiento en un entorno empresarial incierto y en constante cambio. Las empresas que adoptan la flexibilidad pueden reconfigurar rápidamente sus equipos y procesos para responder a nuevas oportunidades o desafíos, reduciendo el tiempo de inactividad y mejorando la eficiencia operativa. Además, la flexibilidad funcional permite a las organizaciones aprovechar mejor el talento interno, asignando recursos humanos a proyectos donde sus habilidades y conocimientos se utilicen de manera más efectiva, lo que a su vez puede generar una mayor innovación y mejores resultados.

3

Enfoque en Resultados

En un entorno laboral cada vez más orientado a la eficiencia y la innovación, las organizaciones están reconsiderando la rigidez de las descripciones de funciones tradicionales y moviéndose hacia un enfoque en resultados. Este cambio, que prioriza los logros y el impacto sobre las tareas específicas asignadas, es altamente deseable tanto para los colaboradores como para las empresas. Al adoptar este enfoque, las organizaciones pueden liberar el potencial creativo de sus colaboradores, mejorar la eficiencia operativa y, en última instancia, lograr un mayor éxito en sus objetivos estratégicos.

Para los colaboradores, el paso de la descripción de funciones al enfoque en resultados es liberador. En lugar de sentirse restringidos por una lista rígida de tareas, los empleados tienen la oportunidad de ser más creativos e innovadores en cómo alcanzan sus objetivos. Este enfoque fomenta un sentido de autonomía y responsabilidad, donde los colaboradores son motivados por el logro de metas claras y medibles, en lugar de simplemente completar tareas prescritas. Al centrarse en los resultados, los empleados también pueden desarrollar una mayor satisfacción laboral, ya que su éxito está más estrechamente vinculado al impacto que generan en la organización y no solo a su cumplimiento con una lista de tareas.

Desde la perspectiva de la empresa, este cambio es factible y beneficioso. Al centrarse en los resultados, las organizaciones pueden ser más ágiles y adaptables en un entorno empresarial en constante cambio. Este enfoque permite a las empresas optimizar sus recursos humanos, asegurándose de que el talento se utiliza de la manera más efectiva para alcanzar los objetivos estratégicos. Además, al eliminar la rigidez de las descripciones de funciones, las organizaciones pueden fomentar una cultura de innovación y mejora continua, donde los colaboradores están incentivados a buscar nuevas formas de agregar valor y mejorar los procesos.

Velocidad de Aprendizaje

En el vertiginoso entorno empresarial actual, donde la tecnología y las dinámicas del mercado cambian a un ritmo acelerado, las habilidades y destrezas que antes eran esenciales para los roles laborales pueden volverse obsoletas en cuestión de años o incluso meses. Por ello, más empresas están reconociendo la necesidad de cambiar su enfoque de reclutamiento, pasando de una evaluación basada únicamente en habilidades y destrezas a una que priorice la velocidad de aprendizaje. Este enfoque no solo es deseable para los colaboradores, sino también factible y altamente beneficioso para las empresas que buscan mantenerse competitivas en un mercado global en constante cambio.

Para los colaboradores, ser reclutados por su capacidad de aprendizaje rápido en lugar de por habilidades específicas puede ser liberador y motivador. Este enfoque reconoce que las habilidades técnicas y conocimientos específicos pueden adquirirse con el tiempo, mientras que la capacidad de adaptarse, aprender y aplicar nuevos conceptos de manera eficiente es un indicador más fuerte de éxito a largo plazo. Los empleados se sienten valorados por su potencial y no solo por lo que ya saben, lo que fomenta una cultura de crecimiento y desarrollo continuo dentro de la organización.

Desde la perspectiva de la empresa, este cambio en el enfoque de reclutamiento es no solo factible, sino crucial para sobrevivir en un entorno empresarial en rápida evolución. Al priorizar la velocidad de aprendizaje, las empresas pueden construir una fuerza laboral más flexible y adaptable, capaz de enfrentar los desafíos inesperados y aprovechar las oportunidades emergentes. Además, este enfoque permite a las empresas captar talento con alto potencial, que puede evolucionar junto con las necesidades de la organización, en lugar de quedar atrapado en competencias que pronto podrían volverse irrelevantes.

5

Desafío Laboral

Durante décadas, la estabilidad laboral ha sido el ideal al que muchas personas aspiraban. Tener un empleo seguro, con una trayectoria predecible, ofrecía tranquilidad y una sensación de seguridad a los trabajadores. Sin embargo, en el entorno empresarial actual, marcado por la rápida evolución tecnológica y la globalización, la estabilidad laboral ha comenzado a ceder terreno ante la necesidad de un nuevo paradigma: el desafío laboral. Este cambio, que implica priorizar la constante innovación, el aprendizaje continuo y la adaptación a nuevos roles y responsabilidades, es no solo deseable para los colaboradores, sino también factible y ventajoso para las empresas que buscan mantenerse competitivas.

Para los colaboradores, el desafío laboral ofrece una fuente de motivación y desarrollo que la estabilidad tradicional no puede proporcionar. En un entorno donde la rutina y la falta de crecimiento pueden llevar al estancamiento y la insatisfacción, enfrentarse a desafíos laborales constantes permite a los empleados expandir sus habilidades, descubrir nuevas pasiones y mantenerse comprometidos con su trabajo. Además, el desafío laboral fomenta una mentalidad de crecimiento, en la que los colaboradores se sienten empoderados para asumir nuevas responsabilidades y superar obstáculos, lo que a su vez incrementa su confianza y satisfacción laboral.

Desde la perspectiva de la empresa, pasar de la estabilidad al desafío laboral es una estrategia altamente factible que puede generar beneficios significativos. En un mercado que cambia rápidamente, las empresas que promueven un entorno de desafío continuo están mejor posicionadas para innovar y adaptarse a las nuevas realidades del mercado. Este enfoque también permite a las empresas aprovechar al máximo el talento interno, alentando a los colaboradores a proponer nuevas ideas, liderar proyectos innovadores y tomar la iniciativa en la resolución de problemas. Como resultado, las empresas pueden mantenerse ágiles, creativas y competitivas, reduciendo al mismo tiempo la complacencia y el riesgo de obsolescencia.

Salario Emocional

En la actualidad, el concepto de compensación laboral ha evolucionado significativamente. Mientras que en el pasado el salario material, es decir, la compensación económica directa, era el factor principal para atraer y retener talento, hoy en día, el salario emocional ha ganado una importancia crucial. El salario emocional se refiere a los beneficios no monetarios que una empresa ofrece a sus colaboradores, como el reconocimiento, el equilibrio entre la vida laboral y personal, el sentido de pertenencia, y las oportunidades de desarrollo personal y profesional. Este enfoque no solo es deseable para los colaboradores, sino también factible y beneficioso para las empresas que buscan construir un equipo comprometido y leal.

Para los colaboradores, el salario emocional representa una fuente de satisfacción laboral que va más allá de la compensación financiera. En un entorno donde el estrés y la presión laboral son comunes, los empleados valoran cada vez más aspectos como el bienestar emocional, el reconocimiento de su trabajo y la posibilidad de desarrollarse dentro de un ambiente laboral saludable y motivador. El salario emocional contribuye a la creación de un entorno donde los colaboradores se sienten valorados, comprendidos y apoyados, lo que a su vez mejora su motivación, productividad y lealtad a la empresa.

Desde la perspectiva de la empresa, implementar un enfoque basado en el salario emocional es altamente factible y tiene un impacto positivo en la retención del talento. Las empresas que ofrecen un ambiente de trabajo que cuida del bienestar emocional de sus colaboradores no solo reducen las tasas de rotación, sino que también fortalecen su marca empleadora, lo que les permite atraer talento de alta calidad. Además, un enfoque en el salario emocional puede reducir los costos asociados con el agotamiento, el ausentismo y la baja productividad, creando un entorno laboral más saludable y eficiente.

7

Visión Humanista

En el mundo empresarial tradicional, los empleados han sido vistos principalmente como recursos destinados a cumplir con tareas específicas y a contribuir al cumplimiento de los objetivos organizacionales. Sin embargo, en la actualidad, este enfoque está siendo reemplazado por una visión más humanizada: la de atender personas. Este cambio de paradigma, que prioriza las necesidades, deseos y bienestar de los individuos más allá de su rol funcional, es no solo deseable para los colaboradores, sino también factible y beneficioso para las empresas que buscan construir un entorno laboral sostenible y productivo.

Para los colaboradores, ser reconocidos y atendidos como personas completas, y no solo como empleados, es profundamente motivador. Esta visión reconoce que los individuos tienen vidas, aspiraciones y desafíos que van más allá de su trabajo. Al atender a las personas, las organizaciones muestran un compromiso genuino con el bienestar de sus colaboradores, lo que se traduce en un mayor sentido de pertenencia y lealtad. Además, cuando los empleados sienten que sus necesidades personales y profesionales son valoradas y respetadas, están más motivados, comprometidos y dispuestos a dar lo mejor de sí mismos en sus roles laborales.

Desde la perspectiva de la empresa, esta visión es altamente factible y presenta varios beneficios. Atender personas, en lugar de solo gestionar empleados, permite a las organizaciones atraer y retener talento de alta calidad, reducir la rotación de personal y mejorar la productividad. Además, este enfoque fomenta una cultura organizacional positiva, donde los colaboradores se sienten valorados y respetados, lo que a su vez mejora la colaboración, la innovación y el desempeño general de la empresa. La satisfacción y el bienestar de los empleados se traducen en un mejor servicio al cliente y en una mayor eficiencia operativa, lo que fortalece la competitividad de la empresa en el mercado.

Implementar las siete recomendaciones organizacionales propuestas requiere un enfoque estratégico y sistemático. A continuación se presenta una guía con los pasos sugeridos para una empresa que desee transformar su estructura y cultura de trabajo atendiendo a estas recomendaciones.

1. Estructuras Horizontales

- Comienza evaluando la estructura actual de la empresa. Identifica los niveles jerárquicos que pueden ser eliminados o simplificados para permitir una mayor agilidad y una comunicación más directa entre los colaboradores.

• Redefine los roles y responsabilidades para que sean más amplios y permitan una mayor autonomía a los colaboradores. Promueve una cultura donde los equipos autogestionados puedan tomar decisiones sin depender de múltiples niveles de aprobación.

• Crea equipos multifuncionales con la autoridad para tomar decisiones y ejecutar proyectos de principio a fin. Asegúrate de que estos equipos estén compuestos por miembros de diferentes áreas y con diversas habilidades para fomentar la colaboración y la innovación.

2. Flexibilidad Funcional

• Capacita a los colaboradores para que sean capaces de asumir diferentes roles y responsabilidades. Esto incluye desarrollar habilidades transversales y fomentar una mentalidad adaptable.

• Establece programas de rotación de roles para que los colaboradores puedan experimentar diferentes áreas dentro de la empresa. Esto no solo enriquece su experiencia, sino que también les permite adaptarse rápidamente a nuevas funciones.

• Adopta políticas de trabajo flexible, incluyendo opciones de trabajo remoto y horarios flexibles, que permitan a los colaboradores adaptar su trabajo a sus necesidades personales y profesionales.

3. Enfoque en Resultados

- Redefine los objetivos organizacionales y personales en términos de resultados específicos y medibles. Asegúrate de que estos objetivos estén alineados con la visión y misión de la empresa.
- Implementa un sistema de evaluación de desempeño que se enfoque en los resultados logrados en lugar de las tareas realizadas. Establece indicadores clave de rendimiento (KPIs) que reflejen los objetivos a alcanzar.
- Empodera a los colaboradores para que tomen decisiones que les permitan alcanzar sus objetivos de manera efectiva. La autonomía en la gestión de su trabajo es clave para un enfoque en resultados.

4. Velocidad de Aprendizaje

- Revisa y ajusta el proceso de contratación para priorizar la capacidad de aprendizaje rápido y la adaptabilidad sobre las habilidades técnicas específicas. Busca candidatos con una mentalidad de crecimiento.
- Desarrolla programas de formación continua que permitan a los colaboradores adquirir nuevas habilidades y conocimientos de manera rápida y eficiente. Utiliza plataformas de aprendizaje en línea y cursos intensivos.
- Fomenta una cultura de aprendizaje donde se valoren la experimentación, la innovación y el compartir conocimientos. Establece espacios y tiempos dedicados al desarrollo personal y profesional.

5. Desafío Laboral

- Rediseña las trayectorias profesionales para que incluyan una variedad de desafíos laborales y oportunidades de desarrollo. Los colaboradores deben poder avanzar en su carrera a través de proyectos innovadores y tareas complejas.

- Asigna a los colaboradores proyectos que los saquen de su zona de confort y les permitan desarrollar nuevas habilidades. Estos proyectos deben ser alineados con los objetivos estratégicos de la empresa.

- Establece un sistema de reconocimiento para los colaboradores que sobresalgan en la ejecución de proyectos desafiantes. Las recompensas pueden incluir promociones, bonificaciones y oportunidades de desarrollo adicional.

6. Salario Emocional

- Realiza encuestas y entrevistas para identificar las necesidades emocionales y de bienestar de los colaboradores. Utiliza esta información para diseñar un programa de salario emocional.

- Ofrece beneficios como horarios flexibles, trabajo remoto, programas de bienestar mental y físico, y oportunidades de desarrollo personal. Estos beneficios deben ser personalizados según las necesidades de los colaboradores.

- Establece políticas de reconocimiento regular y público para celebrar los logros y contribuciones de los colaboradores. Esto incluye menciones en reuniones, premios internos y notas de agradecimiento personalizadas.

7. Visión Humanista

• Capacita a los líderes y gerentes en prácticas de liderazgo que prioricen la empatía, la comunicación abierta y el bienestar de los colaboradores. Esta visión debe integrarse en todas las capas de la gestión.

• Crea políticas que promuevan la inclusión y la diversidad en todos los niveles de la organización. Asegúrate de que cada empleado se sienta valorado y respetado, independientemente de su origen o experiencia.

• Fomenta una cultura organizacional que se preocupe por el bienestar integral de los colaboradores, incluyendo su salud física, emocional y social. Establece programas que apoyen un equilibrio saludable entre la vida laboral y personal.

Implementar estas recomendaciones permitirá a la empresa no solo adaptarse a las nuevas expectativas generacionales, sino también construir un entorno laboral más dinámico, flexible y centrado en las personas. Este enfoque mejorará la satisfacción y la productividad de los colaboradores, y también posicionará a la empresa para un éxito sostenido en el futuro.

SERIE CIMA
Smart Business
KNOWLEDGE

Sobre el Autor

SERIE CIMA
Smart Business
KNOWLEDGE

El doctor José Manuel Vega Báez, reconocido internacionalmente por su experiencia y conocimientos en liderazgo, gestión y emprendimiento, es un prolífico escritor originario de la Ciudad de México que, con más de 35 libros publicados, muchos de ellos bestsellers, está considerado como el autor de liderazgo más prominente del mundo hispanohablante, impactando a miles de lectores en los cinco continentes.

De su extensa obra escrita destaca Rumbo a la Cima (México 2002), libro reeditado en su décimo aniversario por Grupo Nelson (EE. UU. 2013), que fue seleccionado como el bestseller de liderazgo más representativo de México por la Amsterdam University of Applied Sciences en su publicación "Delineating Leadership: cross-cultural empirical analyses of localised leadership practices" (Países Bajos 2021).

Como conferencista y facilitador de Speakers México y de la Red Mundial de Conferencistas, ha compartido su mensaje lleno de saber, de ánimo y de acción, en cientos de eventos y decenas de países. Sus ideas también se publican como artículos en diversos medios digitales multinacionales.

Es catedrático de prestigiosas universidades a nivel licenciatura, maestría y doctorado, en temas de liderazgo, gestión y emprendimiento. Su formación académica incluye dos doctorados: Administración de Negocios y candidato en Procesos Sociales, tres maestrías: Ingeniería Empresarial, Pensamiento de Sistemas y Dirección de Empresas, una licenciatura y varios diplomados.

Su amplia trayectoria empresarial y su exitosa experiencia directiva en la iniciativa privada, el sector público, agrupaciones deportivas e instituciones educativas, lo respaldan en su quehacer profesional como consejero, consultor y socio fundador de SERIE CIMA, firma especializada en soluciones de liderazgo.

Su acervo completo incluye los siguientes títulos:
1. Modelo de Estudio Curricular Post-Maestría en el Área de Sistemas (1991)
2. Introducción al Estudio del Pensamiento Transdisciplinario (1992)
3. Creatividad e Innovación en la Administración (1993)
4. Un Rostro Incompleto (1994)
5. Diseño del Sistema de Información de una Empresa (1995)

6. Secretos de Empresa –la más novedosa guía de recomendaciones para personas con mentalidad emprendedora (1995)
7. Modelación Estructural de Sistemas (1996)
8. Primera Guía de Acciones Emprendedoras (1998)
9. Rumbo a la Cima –novela para el nuevo líder (2002)
10. ¿Ya Encontraste tu Queso? –un cuento para nuevos líderes (2005)
11. Un Líder para México 2006 –las posibilidades de liderazgo de los candidatos a la presidencia (2006)
12. Propuesta para la Valoración del Nivel de Liderazgo en Funcionarios Públicos de Alto Perfil (2007)
13. La Biblia de la Motivación (obra en coautoría, 2008)
14. Liderazgo en Tiempos de Crisis –siete secretos para dirigir en épocas de adversidad (2009)
15. Lecciones de Liderazgo de los Directores Técnicos del Mundial (2010)
16. Adriana –un relato de liderazgo juvenil (2011)
17. 250 Cápsulas de Liderazgo (2012)
18. Liderazgo en la Cumbre (obra en coautoría, 2012)
19. Liderazgo: diez años de aportaciones (2012)
20. Rumbo a la Cima 10 –sé un líder de alto desempeño (2013)
21. Mi Líder Favorito (2014)
22. Mucho Éxito en tu Negocio Propio: los cimientos del liderazgo emprendedor (2015)
23. 500 Cápsulas de Liderazgo (2016)
24. Ahí Viene un Tiburón –cómo ser un buen líder ante la adversidad (2017)

25. Liderazgo Mundialista 2018 –lecciones de aciertos y errores de los mejores entrenadores (2018)
26. Liderazgo Sobresaliente –cómo lograr resultados superiores y sostenibles (2018)
27. 15 Poderosas Lecciones de Liderazgo (2019)
28. 777 Frases de Liderazgo (2019)
29. Jesús Líder (2020)
30. 21 Reglas de Liderazgo para Superar las Crisis (2020)
31. Panis Dux –panis [pan] dux [líder] (2021)
32. La Cima del Liderazgo (2021)
33. Evolución de los Modelos de Liderazgo Empresarial (2023)
34. Liderazgo Prospectivo 2024 –oportunidades, amenazas y nuevos negocios (2023)
35. Liderazgo de Equipos de Alto Desempeño (2024)
36. **Liderazgo Multigeneracional –builders, babyboomers, genx, millennials, centennials (2024)**

José Manuel Vega Báez
@jmvegabaez en redes sociales

www.ingramcontent.com/pod-product-compliance
Lightning Source LLC
Chambersburg PA
CBHW052249220526
45471CB00001B/260